O CEGO GERONIMO E SEU IRMÃO
&
TENENTE GUSTL

ARTHUR SCHNITZLER

Equipe Balão Editorial
Flávia Cristina Yacubian
Guilherme Kroll Domingues
Natália Carrança Tudrey
Victor Borges Malta

Capa de Mateus Acioli e Heitor Yida
Revisão técnica de Edith Nortrut de Almeida

CATALOGAÇÃO NA PUBLICAÇÃO
BIBLIOTECÁRIA: ELIANE LEMOS – CRB: 5866

S361c
Schnitzler, Arthur, 1862-1931.
O cego Gerônimo e seu irmão & Tenente Gustl/Arthur Schnitzler; tradução Mariana Ribeiro de Souza. 1. ed. – São José do Rio Preto, SP: Balão Editorial, 2016.
104 p. : 16 cm.
Tradução de: Der blinde Geronimo und sein Bruder / Leutnant Gustl
ISBN 978-85-63223-40-1
1. Conto austríaco. I. Souza, Mariana Ribeiro de. II. Título: Tenente Gustl.
CDD: 833
CDU: 821.112.2(436)-3

Acompanhe-nos na web!
www.balaoeditorial.com.br
Twitter: @balaoeditorial
Facebook: www.facebook.com/balaoeditorial

Para falar com a gente:
balaoeditorial@balaoeditorial.com.br

A tradução deste livro teve o apoio do Goethe-Institut, que é financiado pelo Ministério das Relações Exteriores da Alemanha

GOETHE INSTITUT

2013-2014
ALEMANHA+BRASIL
Quando ideias se encontram

II

O CEGO GERONIMO E SEU IRMÃO
&
TENENTE GUSTL

ARTHUR SCHNITZLER

Tradução
Mariana Ribeiro de Souza

balão editorial

PREFÁCIO

George Bernard Sperber

Arthur Schnitzler nasceu em Viena, no dia 15 de maio de 1862, e faleceu na mesma cidade, no dia 21 de outubro de 1931. Ele é considerado, com toda razão, um dos mais importantes escritores do modernismo austríaco. Foi autor de dois romances, cinquenta e nove contos e novelas, quarenta peças de teatro e uma autobiografia. Publicou a sua primeira obra literária em 1880, aos dezoito anos de idade; a última em 1931, pouco antes de morrer.

Mas não foi apenas escritor. Foi também médico. Começou trabalhando, de 1885 a 1888, como médico residente num dos maiores hospitais vienenses, mas logo passou a ser assistente de seu pai, o laringologista Johann Schnitzler. Exerceu ativamente a profissão durante toda a sua vida adulta. Publicou também perto de setenta textos científicos, alguns deles de grande relevância, dedicados, por exemplo, ao emprego da hipnose no tratamento da afonia (mudez), o que o aproxima do trabalho de Sigmund Freud, com quem teve contato. Mas este apreciava as obras literárias de Schnitzler mais do que seus trabalhos científicos. Aliás, Freud comentou: "Cheguei à conclusão de que o senhor sabe por intuição — é verdade que devido a uma aguda observação de si mesmo — tudo o que descobri depois de fatigantes trabalhos com outros homens. Creio que no íntimo de seu ser o senhor é um profundo investigador da alma, tão honestamente imparcial e intrépido como nenhum outro jamais foi".

Sem dúvida é admirável que Schnitzler tenha exercido intensa e simultaneamente essas duas profissões, cada uma das quais preencheria o tempo integral de trabalho de qualquer pessoa normal...

Como literato, ele fazia parte de um grupo que foi chamado de Jovem Viena, do qual também participavam outros importantes escritores vienenses da época, como Hugo von Hofmannsthal, Hermann Bahr e Richard Beer-Hofmann. Aliás, a cidade de Viena viveu nos anos da passagem do século XIX para o XX o seu período de maior efervescência artística, cultural e social. Foram os anos do "apocalipse feliz", expressão utilizada pelo historiador norte-americano Carl Emil Schorske em seu livro, publicado no Brasil com o título *Viena Fin de Siècle*. Nessa época, floresceu em Viena a versão austríaca da Art Nouveau, a Secession, para a qual contribuíram pintores como Gustav Klimt e arquitetos como Joseph Maria Olbrich. Foi também o tempo em que atuou o grande compositor e regente Gustav Mahler. Mas tanto a obra de Mahler como a de Schnitzler não podem ser entendidas como fazendo parte do movimento da Secession. Foram seus contemporâneos, mas têm um valor e um brilho próprios.

Muitos dos artistas que enumerei eram judeus, como Schnitzler e Mahler, embora este último tenha se convertido ao catolicismo, para se livrar do antissemitismo que grassava no meio musical da época. Schnitzler foi judeu durante a sua vida toda e tratou criticamente do tema do antissemitismo em muitas das suas obras, como na peça teatral *Professor Bernhardi* ou no romance *Der Weg ins Freie* (*O caminho para a liberdade*), este último traduzido para o português por Marcelo Backes.

Outro tema que mereceu um tratamento crítico por parte de Schnitzler foi a hierarquização social reinante no Império Austro-Húngaro em geral e, em particular, nas suas Forças Armadas. É o tema da novela "Tenente Gustl", que faz parte do presente volume. Nele, Schnitzler utiliza a forma narrativa denominada "monólogo interior". A não ser nas últimas páginas, o leitor acompanha passo a passo os pensamentos do tenente, as suas opiniões sobre pessoas que ele considera socialmente inferiores a ele, as regras que acredita dever cumprir, os sentimentos que se debatem na sua mente, entre o orgulho e o medo... Podemos julgar a sua pessoa, sem que haja um narrador externo a nos impor as suas próprias opiniões. Podemos imaginar-nos estar na sua pele, viver as suas angústias, partilhar as suas avaliações, seus gostos e desgostos. O turbilhão de pensamentos e ideias, conexas ou desconexas, que ocorre na mente do tenente Gustl, fica desnudado diante dos nossos olhos. Assim, podemos julgar, condenar ou absolver o personagem, sem que o autor nos imponha uma ou outra conclusão.

Pelo que eu saiba, a novela é o primeiro exemplo do uso do monólogo interior na literatura de língua alemã. Na literatura russa, essa técnica narrativa já tinha sido usada por Dostoiévski e Tolstói. Na literatura brasileira, João Ubaldo Ribeiro usa o método, muito mais tarde, em seu romance *Sargento Getúlio*. E na literatura de língua inglesa, o magistral *Ulisses*, de James Joyce, também a utiliza. Só que *Ulisses* foi escrito entre 1914 e 1921 e publicado pela primeira vez em 1922.

"Tenente Gustl" foi publicado pela primeira vez em 1900. Há, portanto, argumentos suficientes para considerar Arthur Schnitzler um precursor no emprego deste método narrativo.

A publicação provocou escândalo entre as Forças Armadas austríacas, que consideraram o texto ofensivo ao código de honra do exército, o qual cancelou, em 14 de junho de 1901, o título honorífico de oficial da reserva concedido anteriormente a Schnitzler.

No mesmo ano da publicação de "Tenente Gustl", 1900, Schnitzler também publicou "O cego Geronimo e seu irmão". Chama a atenção o fato de seu estilo, seu modo narrativo, ser totalmente diferente. Há um narrador onisciente, não há um mergulho na consciência dos personagens, mas sim, um narrador magistral, que consegue transmitir ao leitor a evolução dos pensamentos do cego Geronimo, sem penetrar em sua mente de forma tão, eu diria violenta, como o faz o narrador mudo do "Tenente Gustl". Mesmo assim, o texto é testemunho da argúcia de Schnitzler na sua compreensão e representação do raciocínio do cego, da sua evolução, que passa da sensação de fraternidade para o ódio, e deste para o amor.

Há vários anos eu traduzi uma série de narrativas de Arthur Schnitzler, publicada em 1987 sob o título *Contos de amor e de morte*, que está esgotado. A maior parte da obra de Arthur Schitzler ainda não foi traduzida ao português nem publicada no Brasil. Contudo, a maioria dos leitores do presente livro deve ter visto o filme de Stanley Kubrick produzido em 1999 e chamado *De olhos bem fechados*, baseado na *Traumnovelle* de Arthur Schnitzler. O sucesso do filme levou à publicação, no Brasil, de uma tradução da novela, com o título de *Breve romance de sonho*. Várias outras obras de Schnitzler foram transformadas em filmes. "Tenente Gustl" também, em 1962, tendo Peter Weck no papel principal e o grande comediante Hans

Moser no papel do padeiro Johann Habetswallner, sob a direção de John Olden. O filme foi transmitido pela TV alemã em 1963. "O cego Geronimo" foi transformado em filme em 1977, pelo diretor iraniano Nehmat Hagigi, com o título *A moeda*. Nenhum dos dois filmes está disponível no Brasil.

O CEGO GERONIMO E SEU IRMÃO

O cego Geronimo se levantou do banco e pegou o violão, que estava posto sobre a mesa, bem ao lado do copo de vinho. Percebera o longínquo ruído dos primeiros coches. Foi tateando então o já conhecido caminho até a porta aberta e desceu os estreitos degraus de madeira que conduziam diretamente ao pátio coberto no andar de baixo. Seu irmão o seguiu, e ambos se postaram ao lado da escada, com as costas contra a parede para se proteger do vento úmido e frio, que roçava o chão molhado e sujo através dos portões abertos.

Sob o arco escuro da velha estalagem tinham de passar todos os coches que pegavam o caminho pelo Passo do Stelvio. Para os viajantes que queriam ir da Itália para o Tirol, ela era o último refúgio antes do cume. A estalagem não convidava a longas estadias, pois justamente naquele ponto a estrada era plana, sem paisagem e percorria elevações áridas. Nos meses de verão, o cego italiano e seu irmão Carlo se sentiam tão bem ali como se estivessem em casa.

O correio passou, e logo outros coches chegaram. A maioria dos viajantes permaneciam sentados, bem enrolados em mantas e casacos; outros desciam e passeavam, impacientes, entre os portões. O tempo piorava; uma chuva fria irrompeu. Depois de alguns dias bonitos, o outono parecia se precipitar cedo demais e de repente.

O cego cantava acompanhado pelo violão; cantava com uma voz irregular, por vezes inesperadamente aguda, como sempre ocorria quando bebia. De vez em quando, virava a cabeça para cima como se suplicasse inutilmente. Mas os traços de seu rosto com sua barba negra e rala de dias e os lábios levemente arroxeados permaneciam totalmente imóveis. O irmão mais velho ficava em pé ao seu lado, quase inerte. Quando alguém deixava cair uma moeda no chapéu, agradecia e encarava o doador com um olhar rápido e como que desvairado. Logo em seguida, quase angustiado, desviava o olhar e fitava o vazio, assim como o irmão. Sem poder oferecer ao parente cego um raio de luz sequer, era como se os olhos de Carlo se envergonhassem da claridade que lhe era concedida.

— Traga o vinho — disse Geronimo, e Carlo saiu, obediente como sempre. Enquanto subia a escada, o irmão recomeçou a cantar. Há muito Geronimo não prestava atenção à própria voz, por isso conseguia perceber o que ocorria a seu redor. Há pouco tinha notado duas vozes sussurrantes bem próximas, de um rapaz e de uma moça. Pensou quantas vezes esse casal não percorrera o mesmo caminho de lá para cá; pois em sua cegueira e em sua embriaguez tinha, às vezes, a impressão de passarem as mesmas pessoas pelo Passo, dia após dia, ora do norte para o sul, ora do sul para o norte. Por isso, era como se conhecesse também esse jovem casal há muito tempo.

Carlo desceu e entregou um copo de vinho a Geronimo. O cego o ergueu em direção ao casal e brindou, dizendo:

— À vossa saúde, meus senhores!

— Obrigado — disse o rapaz, mas a moça afastou-o de lá, pois para ela o cego era horripilante.

Nesse momento, chegou um coche com um grupo bastante barulhento: pai, mãe, três filhos, uma ama.

— Família alemã — murmurou Geronimo para Carlo.

O pai deu uma moeda a cada uma das crianças, dizendo que podiam jogá-las no chapéu do mendigo. Geronimo inclinou a cabeça em sinal de agradecimento, todas as vezes. O menino mais velho encarava o cego com uma curiosidade aflita. Carlo observava o menino. Sempre que contemplava crianças assim, não podia deixar de pensar que Geronimo perdera o brilho do olhar em um infortúnio nessa mesma idade. Passados quase vinte anos, Carlo ainda hoje se recordava daquele dia com perfeita clareza. Ainda hoje ressoava em seus ouvidos o estridente grito infantil com o qual o pequeno Geronimo se afundara na relva, ainda hoje via o sol brincar e se enroscar no muro branco do jardim e ouvia de novo os sinos dominicais, que tinham tocado justamente naquele momento. Como fizera muitas vezes antes, atirara o dardo contra o freixo perto do muro, mas, ao ouvir o grito, pensara imediatamente que devia ter ferido seu irmão caçula, que acabava de passar por ali. Carlo deixara a zarabatana escorregar de suas mãos, pulara pela janela indo para o jardim e se precipitara em direção ao irmão caçula, que estava estendido e gemendo sobre a grama, com as mãos diante do rosto atingido. Escorria sangue sobre a bochecha direita e o pescoço. No mesmo minuto, chegava o pai, vindo do campo, pelo pequeno portão do jardim, e os dois se ajoelharam, perplexos, diante da criança que gemia. Vizinhos apareceram correndo. A velha Vanetti tinha sido a primeira que conseguira afastar as mãos do rosto do menino. O ferreiro, de quem Carlo era aprendiz naquela época e que entendia um pouco de curativos, chegara em seguida e logo vira que o olho direito estava perdido. O médico, que viera de Poschiavo à noite, também não pôde mais ajudar. De fato, ele então mencionou o perigo que pairava sobre o outro olho, o que se confirmou posteriormente. Um ano depois, o mundo de Geronimo mergulhou na escuridão. No início, tentaram convencê-lo de que poderia ser curado mais tarde, e ele parecia acreditar. Carlo, que conhecia a verdade, vagava dia e noite pela estrada entre os vinhedos e as florestas e estivera a ponto de se matar. Mas o padre, com quem se confessava, o iluminou, dizendo que sua obrigação era viver e dedicar a vida ao seu irmão. Carlo conformou-se. Uma incomensurável compaixão o atingiu. Apenas quando estava junto ao menino cego, quando podia acariciar seus cabelos, beijar sua fronte, contar-lhe histórias, guiá-lo por passeios pelos campos atrás da casa e entre os vinhedos, sua dor se abrandava. Logo no início, descuidara-se do seu aprendizado com o ferreiro, pois não queria absolutamente se separar de seu irmão e não conseguia mais se decidir a retomar o ofício, embora o pai o admoestasse e se preocupasse. Um dia, Carlo percebeu que Geronimo parara totalmente de falar sobre seu infortúnio. Logo soube o porquê: o mais jovem compreendera que nunca mais veria o céu, as colinas, as ruas, as pessoas, a luz. Carlo então sofreu ainda mais do que antes, por mais que procurasse se acalmar com o fato de que perpetrara o infortúnio involuntariamente. Às vezes, de manhã cedo, quando olhava para o irmão que repousava a seu lado, era invadido por um tal medo de vê-lo acordar que corria para o jardim, apenas para não precisar estar a seu lado e ver como seus olhos mortos pareciam a cada dia procurar de novo a luz, apagada eternamente para eles. Naquela época, ocorreu a Carlo que Geronimo, cuja voz era agradável, devia estudar música. O professor de Tola, que aos domingos às vezes passava por ali, ensinou-o a tocar violão. A essa altura, o cego ainda não imaginava que a arte recentemente aprendida serviria para a sua subsistência.

Depois daquele triste dia de verão, parecia que o infortúnio se instalara para sempre na casa do velho Lagardi. A colheita gorava ano após ano; ludibriado por um parente, o velho perdeu uma pequena quantia em dinheiro que economizara. E quando morreu, acometido por um derrame ao ar livre, em um dia abafado de agosto, não deixou nada além de dívidas. A pequena propriedade foi vendida, os dois irmãos ficaram sem casa e, pobres, deixaram o vilarejo.

Carlo tinha vinte anos; Geronimo, quinze. Por aquele tempo, começou a vida de mendicância e de perambulação que levavam até hoje. No início, Carlo pensou em encontrar algum tipo de serviço que pudesse alimentar os dois; mas não conseguiu de jeito nenhum, apesar das tentativas. Também Geronimo não tinha paz em lugar algum; queria sempre estar perambulando.

Já havia então vinte anos que vagavam por estradas e desfiladeiros no norte da Itália e no sul do Tirol, sempre por onde grandes levas de viajantes passassem.

E mesmo após tantos anos, quando Carlo já não sentia mais aquele tormento que, no início, o queimava e o invadia com cada brilho do sol ou com cada vislumbre de uma bela paisagem, era incessante a compaixão que o corroía, constante e inconsciente, como o ritmo de seu coração e de sua respiração. E ficava aliviado quando Geronimo se embriagava.

O coche com a família alemã partira. Como sempre fazia, Carlo sentou-se no degrau mais baixo da escada; Geronimo, contudo, permaneceu em pé, deixou os braços frouxamente pendentes e manteve a cabeça virada para cima.

Maria, a criada, saiu da taberna.

— Ganharam muito dinheiro hoje? — ela gritou para baixo.

Carlo não se virou. O cego se inclinou em direção a seu copo, o ergueu do chão e fez um brinde a Maria. Às vezes, ela se sentava perto dele à noite na taberna, e ele também sabia que era bonita.

Carlo se inclinou para a frente e olhou a rua lá fora. O vento soprava, e a chuva era tão estrondosa que o som do coche mais próximo submergia no meio daquela algaravia. Carlo se levantou e retomou seu lugar ao lado do irmão.

Geronimo começou a cantar, enquanto se aproximava o coche em que havia apenas um passageiro sentado. O cocheiro desatrelou as rédeas dos cavalos depressa e se precipitou taberna adentro. O viajante permaneceu sentado em seu canto por alguns instantes, bem enrolado em uma capa de chuva cinzenta. Parecia que não reparava absolutamente na música. Contudo, depois de algum tempo, saiu de sobressalto e andou apressadamente de um lado para outro, sem se afastar muito do coche. Esfregava as mãos sem cessar, para se aquecer. Parecia que só então notava os mendigos. Postou-se diante deles e os olhou como se os examinasse. Carlo curvou suavemente a cabeça, como para cumprimentá-lo. O viajante era muito jovem, com um belo rosto sem barba e um olhar inquieto. Depois de ter permanecido em pé por um longo tempo diante dos mendigos, apressou-se novamente em direção ao portão, por onde deveria partir, e balançou a cabeça, enfadado diante da visão inconsolável da chuva e da neblina.

— Então? — perguntou Geronimo.

— Nada ainda — retrucou Carlo. — Provavelmente vai dar quando partir.

O viajante voltou e se apoiou no timão do coche. O cego começou a cantar. De repente, parecia que o jovem o escutava com grande interesse. O criado apareceu e atrelou de novo os cavalos. E apenas nesse momento, como se tomasse consciência da existência dos mendigos, o jovem pegou a bolsa e deu uma moeda de um franco a Carlo.

— Oh, obrigado, obrigado — disse Carlo.

O viajante sentou-se no coche e enrolou-se novamente no casaco. Carlo pegou o copo do chão e subiu os degraus de madeira. Geronimo continuou cantando. O viajante se curvou para fora do coche e balançou a cabeça com uma expressão ao mesmo tempo de superioridade e tristeza. De repente, pareceu ocorrer-lhe um pensamento e sorriu. Então perguntou ao cego, que estava a apenas dois passos dele:

— Como se chama?

— Geronimo.

— Bem, Geronimo, não se deixe enganar. — Nesse momento, o cocheiro surgiu no degrau mais alto da escada.

— Como assim enganar, caro senhor?

— Dei para o seu acompanhante uma moeda de vinte francos.

— Oh, senhor, grato, muito grato!

— Bem, fique atento.

— Ele é meu irmão, senhor; ele não me engana.

O jovem se surpreendeu por um instante, mas, enquanto ainda refletia, o cocheiro subira em seu banco e dera rédea aos cavalos. O rapaz se voltou com um movimento de cabeça, como se quisesse dizer: "Destino, siga seu curso!". E o coche partiu.

Usando as duas mãos, o cego acenou com gestos calorosos em sinal de gratidão. Ouviu Carlo, que saía da taberna naquele momento. Carlo gritou: — Venha, Geronimo, aqui em cima está quente. Maria acendeu o fogo!

Geronimo aquiesceu, colocou o violão debaixo do braço e se apoiou no corrimão para subir os degraus. Na escada, gritou:

— Deixa eu tocar nela! Há quanto tempo não pego uma moeda de ouro!

— O quê? – perguntou Carlo. — Que conversa é essa?

Lá em cima, Geronimo segurou a cabeça do irmão com as mãos, gesto que sempre expressava alegria ou carinho.

— Carlo, meu querido irmão, ainda tem gente de bom coração!

— Certamente — disse Carlo. — Até agora são duas liras e trinta centavos. E aqui temos dinheiro austríaco, talvez meia lira.

— E vinte francos. E vinte francos! — berrou Geronimo. – Eu já sei de tudo! — Cambaleou na sala e caiu sobre o banco.

— O que é que você sabe? — perguntou Carlo.

— Deixe de brincadeira! Coloque aqui na minha mão! Há quanto tempo não pego uma moeda de ouro na mão!

— O que é que você quer? De onde vou tirar uma moeda de ouro? São duas ou três liras.

O cego deu um soco na mesa.

— Agora basta. Basta! Por acaso, quer escondê-la de mim?

Preocupado e espantado, Carlo olhou para o irmão. Foi sentar-se a seu lado bem perto dele e pegou seu braço como para acalmá-lo.

— Eu não estou escondendo nada de você. Como pode achar isso? Ninguém me deu uma moeda de ouro.

— Mas ele me disse isso!

— Quem?

— Ora, o jovem que andava de um lado para o outro.

— Como assim? Eu não estou entendendo.

— Assim ele me falou: "Como se chama?". E depois: "Preste atenção, preste atenção, não se deixe enganar!".

— Você só pode ter sonhado, Geronimo. Isso é um absurdo!

— Absurdo? Mas eu ouvi. E tenho bons ouvidos. "Não se deixe enganar; eu dei para ele uma moeda de ouro...". Não, ele disse: "Eu dei para ele uma moeda de vinte francos".

O estalajadeiro entrou.

— O que há com vocês? Desistiram do negócio? Acabou de chegar um coche puxado por quatro cavalos.

— Venha! — chamou Carlo — Venha!

Geronimo permaneceu sentado.

— Por quê? Por que eu devo ir? Em que isso me ajuda? Você fica em pé do lado e...

Carlo tocou o braço dele.

— Calma, desça agora!

Geronimo se calou e obedeceu ao irmão. Mas, na escada, disse:

— A gente ainda vai conversar. Ah, vai!

Carlo ficou sem compreender o que tinha acontecido. Será que Geronimo enlouquecera de repente? Na verdade, Geronimo se enraivecia com facilidade, mas nunca falara dessa maneira.

No coche que tinha acabado de chegar, estavam sentados dois ingleses. Carlo passou o chapéu diante deles, e o cego cantou. Um dos ingleses desceu e jogou algumas moedas no chapéu de Carlo, que falou:

— Obrigado. — E acrescentou como para si: — Vinte centavos.

O rosto de Geronimo permanecia imóvel; mesmo assim, entoou uma nova canção. O coche com os dois ingleses partiu.

Os irmãos subiram os degraus em silêncio. Geronimo sentou-se sobre o banco, Carlo ficou em pé perto do fogo.

— Por que não está falando nada? – perguntou Geronimo.

— Pois é — replicou Carlo —, só pode ter sido assim como disse. — Sua voz tremia um pouco.

— O que você disse mesmo? — perguntou Geronimo.

— Talvez fosse um louco.

— Um louco? Mas isso viria a calhar! Quando alguém diz "eu dei vinte francos para o seu irmão", então ele é louco! Ah, e por que ele disse "não se deixe enganar", hein?

— Talvez não fosse louco... mas tem gente que brinca com pessoas pobres como nós...

— Ah! — gritou Geronimo. — Brincadeira? Claro, era só o que faltava você dizer. Eu já esperava por isso! — E bebeu de uma vez todo o copo de vinho que estava à sua frente.

— Mas Geronimo! — exclamou Carlo e sentiu que de tanta consternação quase não conseguia falar. — Por que eu faria... como pode acreditar...?

— Por que sua voz está tremendo... hein... por quê...?

— Geronimo, eu asseguro, eu...

— Ah... eu não acredito em uma só palavra! Você está rindo agora... Eu sei que está rindo agora!

O criado gritou lá de baixo:

— Ei, ô seu cego, tem gente aqui!

Os irmãos se levantaram mecanicamente e desceram a escada. Dois coches chegaram ao mesmo tempo, um com três senhores, outro com um casal de idosos. Geronimo cantou; Carlo ficou ao seu lado, desnorteado. O que devia fazer? O irmão não acreditava nele! Como era possível? E olhou de soslaio para Geronimo, que cantava sua canção com voz despedaçada, angustiado. Era como se Carlo visse sair dessa cabeça pensamentos que nunca antes estiveram guardados ali.

Os coches já tinham partido, mas Geronimo continuava cantando. Carlo não ousou interrompê-lo. Não sabia o que dizer, temia que sua voz tremesse outra vez. Ouviam-se risadas lá em cima, e Maria gritou:

— Por que você ainda está cantando? De mim não vai ganhar nada!

Geronimo interrompeu a melodia no meio; soou como se a sua voz e as cordas do violão tivessem se rompido ao mesmo tempo. Depois subiu a escada de novo, e Carlo o seguiu. No salão da taberna, Carlo se sentou perto dele. O que devia fazer? Não lhe restava nada a fazer a não ser tentar outra vez esclarecer tudo ao irmão.

— Geronimo — disse Carlo —, eu juro... pense bem, Geronimo, como você pode acreditar que eu...

Geronimo ficou quieto, seus olhos mortos pareciam olhar a neblina cinza pela janela. Carlo continuou falando:

— Pois é, vai ver ele não é louco, pode ter se enganado... isso, ele se enganou... — Mas sentia plenamente que ele mesmo não acreditava no que dizia.

Geronimo se afastava impacientemente. Mas Carlo continuou falando com repentina vivacidade: — Para que eu faria... você sabe que não como nem bebo mais do que você, e quando compro uma roupa nova para mim, você fica sabendo... Portanto, para que eu preciso de tanto dinheiro? O que vou fazer com isso?

Nesse instante, Geronimo bradou por entre os dentes:

— Não minta, eu percebo que está mentindo!

— Eu não estou mentindo, Geronimo, não estou mentindo! — disse Carlo, assustado.

— Ah, você já deu a moeda para ela, não foi? Ou ela só vai pegá-la depois? – gritou Geronimo.

— Maria?

— Quem mais a não ser Maria? Ah, você é um mentiroso, um ladrão! — E como não queria mais estar sentado ao lado do irmão à mesa, empurrou-o com o cotovelo para o lado.

Carlo se levantou. Primeiro, fitou o irmão, depois deixou o salão e foi para o pátio pela escada. Com os olhos bem abertos, contemplou a estrada, que submergia diante dele na neblina parda. A chuva arrefecera. Carlo colocou as mãos dentro do bolso da calça e foi para o ar livre. Era como se Geronimo o tivesse afugentado. O que realmente acontecera?... Ainda não conseguia compreender.

Que tipo de pessoa poderia ter sido essa? Dá um franco e diz que eram vinte! Qual teria sido a sua motivação?... E Carlo procurou, na sua lembrança, se não fizera nenhum inimigo em algum lugar e se esse inimigo não teria enviado alguém para vingar-se... Mas até onde ele conseguia lembrar, nunca ofendera, nem tivera uma briga séria com ninguém. Nos últimos vinte anos, nada fizera a não ser ficar em pé, com o chapéu na mão, em pátios ou à beira das estradas... Será que chateara alguém por causa de alguma mulher?... Mas há quanto tempo não tinha nada com nenhuma delas... A serviçal em La Rosa fora a última, no começo do ano passado... Mas por causa dela certamente ninguém tinha inveja dele... Não conseguia compreender!... Que tipo de pessoas poderia existir lá fora no mundo que ele não conhecia?... Vinham de toda parte... O que sabia sobre elas?... Para esse estranho, houvera com certeza algum sentido em dizer a Geronimo: eu dei vinte francos a teu irmão... Pois bem... Mas o que fazer?... Bastou uma única oportunidade para Geronimo desconfiar dele!... Isso Carlo não podia suportar! Tinha de fazer algo contra aquilo... E retornou rapidamente.

Quando entrou no salão da taberna, Geronimo estava sentado, largado sobre o banco, e fingiu não perceber a chegada de Carlo. Maria lhes trouxe comida e bebida. Não trocaram nenhuma palavra durante a refeição. Enquanto Maria recolhia a louça, Geronimo riu de repente e disse para ela:

— O que você vai comprar com ela?

— Com ela o quê?

— Ora, o quê? Uma saia nova ou um brinco?

— O que ele quer de mim? — indagou Maria, virando-se para Carlo.

Nesse ínterim, carroças carregadas ribombavam no pátio lá em baixo, vozes altas subiam, e Maria se apressou em descer. Depois de alguns minutos, chegaram três cocheiros e se sentaram à mesa; o estalajadeiro foi até eles e os cumprimentou. Reclamavam do tempo ruim.

— Hoje à noite vocês vão ter neve — disse um deles.

O segundo contou como nevara no Passo, há dez anos, em meados de agosto, e ele quase congelara. Maria se sentou perto deles. O criado também passou por ali para se informar sobre seus pais, que moravam em Bormio.

Outro coche com viajantes chegou. Geronimo e Carlo desceram, Geronimo cantou, Carlo estendeu o chapéu, e os viajantes lhes deram esmolas. Geronimo parecia agora bem tranquilo. Perguntava às vezes: — Quanto? — E aquiescia suavemente com a cabeça às respostas de Carlo. Nesse meio-tempo, Carlo tentava compreender os próprios pensamentos. Mas sempre tinha a sensação sombria de que algo horrível ocorrera e que estava totalmente indefeso.

Quando os irmãos subiram novamente, ouviram os cocheiros lá em cima conversar e rir entre eles. O mais jovem gritou para Geronimo:

— Canta algo para a gente, a gente paga! Não é mesmo? — dirigindo-se aos outros.

Maria, que no momento trazia uma garrafa de vinho tinto, disse:

— Não perturbem o Geronimo hoje, está de mau humor.

Em vez de responder, Geronimo colocou-se no meio do salão e começou a cantar. Quando terminou, os cocheiros bateram palmas.

— Vem para cá, Carlo! — chamou um deles. — Também queremos colocar a moeda no chapéu como as pessoas lá de baixo! E o cocheiro pegou uma pequena moeda e a ergueu como se quisesse deixá-la cair no chapéu que Carlo lhe estendia. Nesse instante, o cegou segurou o braço do cocheiro e disse:

— Prefiro que me dê, me dê! Ela poderia cair em outro lugar, em outro lugar!

— Como assim, em que outro lugar?

— Ora, entre as pernas da Maria.

Todos riram, o estalajadeiro e Maria também, apenas Carlo permaneceu imóvel. Geronimo nunca tinha feito esse tipo de brincadeira antes!...

— Sente aqui com a gente — disseram os cocheiros. – Você é um companheiro engraçado!

E juntos se viraram para dar lugar a Geronimo. A conversa entre eles ficava cada vez mais alta e confusa; Geronimo falava mais alto e contava causos engraçados como nunca antes fizera. Não parava de beber. Quando Maria voltou, quis puxá-la para si; e um dos cocheiros disse rindo:

— Você acha que ela é bonita? É uma fêmea velha e feia!

Mas o cego puxou Maria para o colo.

— Vocês todos são idiotas — disse. — Acham que preciso dos meus olhos para ver? Eu sei, por exemplo, onde Carlo está agora. Ah! Lá em pé perto do aquecedor, com as mãos no bolso, e está rindo.

Todos olharam para Carlo, que, como para não ter que desmentir o irmão, se apoiava perto do aquecedor com a boca aberta, como se realmente estivesse rindo ironicamente.

O criado entrou. Se os cocheiros quisessem chegar a Bormio antes que escurecesse, teriam que se apressar. Levantaram-se e despediram-se ruidosamente. Os irmãos ficaram sozinhos de novo no salão da taberna. Normalmente, iam dormir a essa hora. Como sempre, toda a estalagem se afundava no silêncio nas primeiras horas da tarde. Geronimo, com a cabeça sobre a mesa, parecia dormir. Carlo andou de um lado para outro, depois sentou-se sobre o banco. Estava muito cansado. Parecia que fora apanhado em um sonho ruim. Tinha que pensar em tudo, no ontem, no anteontem e em todos os dias que existiram antes, especialmente nos dias quentes de verão e nas estradas brancas do interior, pelas quais ele e seu irmão vagaram. Tudo era tão distante e incompreensível, como se nunca mais pudesse voltar a ser.

No fim da tarde, chegou o correio do Tirol, e logo em seguida, em intervalos curtos, coches que tomavam o mesmo caminho em direção ao sul. Os irmãos tiveram que descer para o pátio mais quatro vezes. Quando subiram pela última vez, o crepúsculo já tinha irrompido, e o lampião, que pendia do teto de madeira, sibilava. Chegaram operários que trabalhavam em uma pedreira nas redondezas e montaram suas cabanas de madeira a uma certa distância abaixo da estalagem. Geronimo sentou-se com eles. Carlo permaneceu sentado sozinho à sua mesa. Era como se a solidão de Carlo já durasse muito tempo. Ouvia como Geronimo, do outro lado, falava alto, quase gritando, sobre sua infância. Recordava-se tão bem de tudo que vira com seus olhos, pessoas e coisas: do pai, como trabalhava no campo, do pequeno jardim com o freixo perto do muro, da casa baixa que possuíam, das duas filhas pequenas do sapateiro, do vinhedo atrás da igreja e, claro, da sua própria face de criança, que se lhe refletira no espelho. Quantas vezes Carlo já ouvira tudo aquilo. Dessa vez, não suportou. Soou diferente do que antes: cada palavra que Geronimo pronunciava ganhava um novo sentido e parecia que se dirigia contra ele. Esgueirou-se para fora e foi de novo para a estrada, que jazia na escuridão. A chuva parara, o ar estava muito frio, e um pensamento pareceu quase seduzi-lo: partir, cada vez mais distante, dentro da escuridão, deitar-se finalmente em algum lugar à beira da estrada, dormir, não mais acordar.

De repente, ouviu o ruído de um coche e percebeu o brilho de duas lanternas que estavam cada vez mais próximas. No coche, que passou por ele, havia dois senhores. O de rosto magro e sem barba levou um susto quando a figura de Carlo emergiu da escuridão à luz das lanternas. Carlo, que permaneceu em pé, alçou o chapéu. O coche e as luzes desapareceram. Mas ele continuou na escuridão profunda. De repente, assustou-se. Pela primeira vez em sua vida, a escuridão lhe causava medo. Era como se não pudesse suportá-la nem mais um minuto. De modo estranho, sentiu calafrios, que se confundiam em seu pensamento sombrio a uma compaixão tormentosa pelo irmão cego e o impeliam para casa.

Quando voltou ao salão da taberna, viu os dois viajantes que tinham acabado de passar por ele sentados em uma mesa com uma garrafa de vinho à mão, conversando animadamente. Mal levantaram os olhos quando Carlo entrou.

Na outra mesa, Geronimo permanecia sentado no meio dos trabalhadores.

— Onde você se meteu, Carlo? — disse-lhe o estalajadeiro já perto da porta. – Por que deixou seu irmão sozinho?

— Qual é o problema? — perguntou Carlo, assustado.

— Geronimo importuna as pessoas. Por mim, tudo bem, mas vocês devem pensar que tempos ruins vão logo voltar.

Rapidamente, Carlo foi em direção ao irmão e o pegou pelo braço. — Vem! — disse.

— O que você quer? — gritou Geronimo.

— Vem dormir — disse Carlo.

— Me deixa, me deixa! Eu ganho o dinheiro e posso fazer com ele o que bem quiser. Ah...! Você não consegue esconder tudo! Vocês acham que ele me dá tudo?! Ah, não mesmo! Porque eu sou um homem cego! Mas existem pessoas... existem pessoas que me dizem: "Eu dei vinte francos para teu irmão"!

Os trabalhadores desataram a rir.

— Chega! — disse Carlo. — Venha! — E puxou o irmão consigo, arrastou-o quase toda escada acima até a água-furtada vazia onde se abrigavam.

Durante todo o percurso, Geronimo gritava:

— Finalmente chegou o dia, sim, eu sabia que sim! Ah, vamos ver. Onde ela está? Onde está Maria? Ou você vai colocar a moeda no cofre para ela? Ei, canto para você, toco violão, você vive às minhas custas... e você é um ladrão! — Geronimo caiu sobre o colchão de palha.

No corredor bruxuleava uma luz fraca; do outro lado, a porta aberta para o único quarto de hóspedes da estalagem, e Maria arrumava as camas para uma noite tranquila. Carlo ficou em pé diante do irmão e o viu deitar-se com o rosto inchado, com os lábios azulados, o cabelo úmido grudado à testa, parecendo muito mais velho do que realmente era. E paulatinamente Carlo começou a compreender. A desconfiança do cego não podia ser algo recente, há muito ela devia estar adormecida nele, mas apenas lhe faltava o motivo, talvez a coragem, para desabafar. E tudo o que Carlo fizera fora em vão, em vão o remorso, em vão o sacrifício de toda uma vida. O que deveria fazer? Deveria continuar a guiá-lo dia após dia pela noite eterna — quem poderia saber por quanto tempo ainda —, a cuidar dele, mendigar para ele sem ter nenhuma recompensa por isso a não ser desconfiança e insulto? Se seu irmão o considerava um ladrão, então qualquer estranho poderia fazer algo igual ou melhor pelo cego do que ele. Realmente deixá-lo sozinho, separar-se dele para sempre, isso seria o mais sensato. Geronimo, então, poderia perceber a injustiça cometida e experimentar o que significa ser enganado e roubado, ser sozinho e miserável. E ele mesmo, por onde começar? Bem, não era velho ainda; se ficasse sozinho, poderia começar muita coisa. Como criado, pelo menos, encontraria abrigo em qualquer lugar. Mas, enquanto esses pensamentos vagavam por sua cabeça, seus olhos permaneciam presos ao irmão. De repente, Carlo o via diante de si, sozinho à beira de uma estrada ensolarada, sentado sobre uma pedra com os olhos brancos bem abertos fitando o céu, que não podia cegá-lo, e com as mãos agarrando a noite que estava sempre ao redor. E sentiu o quanto o cego não tinha mais ninguém no mundo a não ser ele, assim como ele não tinha mais ninguém no mundo a não ser esse irmão.

Compreendeu que o conteúdo da sua vida consistia no amor por esse irmão e soube, pela primeira vez com toda clareza, que apenas a crença de que o cego correspondera a esse amor e lhe perdoara o fizera suportar toda a miséria tão pacientemente. Carlo não podia renunciar a essa esperança de uma única vez. Sentiu que tinha tanta necessidade do irmão quanto o irmão dele. Não conseguia, não queria abandoná-lo. Suportar a desconfiança ou encontrar uma maneira de convencer Geronimo da falta de fundamento da suspeita... Ah, se pudesse de algum modo providenciar uma moeda de ouro! Se pudesse dizer ao cego amanhã de manhã: "Eu só a guardei para que não a gastasse bebendo com os trabalhadores, para que as pessoas não a roubassem de você...". Ou algo parecido...

Aproximavam-se passos na escada de madeira; os viajantes iam descansar. De repente, passou-lhe pela cabeça a ideia de bater à porta dos estranhos e lhes contar toda a verdade sobre o incidente de hoje e lhes pedir os vinte francos. Mas logo percebeu também que seria totalmente em vão! Não acreditariam na história. E se recordava agora como um deles, assustado e pálido, se sobressaltou quando Carlo de repente emergira da escuridão diante do coche.

Carlo se espreguiçou sobre o colchão de palha. O quarto estava totalmente escuro. Agora ouvia como os trabalhadores conversavam alto e desciam os degraus de madeira com passos pesados. Os dois portões foram fechados logo em seguida. O criado subiu e desceu ainda mais uma vez a escada, depois tudo ficou em silêncio. Carlo escutava apenas o ronco de Geronimo. Seus pensamentos logo se enredaram por sonhos fugazes. Quando acordou, ainda era noite profunda ao redor. Olhou em direção ao local onde estava a janela; quando apertava os olhos, notava, lá no meio daquele negro impenetrável, um quadrado cor de cinza escura. Geronimo ainda dormia o sono pesado dos embriagados. Carlo pensava no dia de amanhã; e isso lhe dava calafrios. Pensava na noite após esse dia, no dia após essa noite, no futuro diante de si, e se apoderava dele o temor diante da solidão que se lhe descortinava. Por que à noite não fora mais corajoso? Por que não se dirigira aos estranhos e não lhes pedira os vinte francos? Talvez tivessem tido misericórdia dele. E, no entanto... talvez tenha sido melhor que ele não lhes tenha pedido. Sim, por que foi melhor?... Sentou-se repentinamente e sentiu seu coração bater. Sabia por que fora bom: se eles tivessem lhe recusado, Carlo lhes permaneceria suspeito, mas assim... Fitou a mancha escura que começou a brilhar fraca... Era realmente, totalmente impossível o que lhe passara pelo pensamento mesmo contra sua vontade! A porta do outro lado estava trancada — e depois dela: eles podiam acordar... Sim, ali — a mancha escura brilhante no meio da escuridão anunciava o novo dia...

Carlo se levantou, como se o tivessem puxado da cama, e encostou a testa na vidraça fria. Por que se levantara? Para refletir?... Para tentar?... Tentar o quê?... Era impossível — além do mais era um crime. Um crime? O que significam vinte francos para essas pessoas que viajam mil quilômetros para se divertir? Não perceberiam nada se lhes faltassem os vinte francos. Foi até a porta e a abriu sem fazer ruído. Dois passos à sua frente estava outra porta fechada. Em um prego na ombreira da porta estavam penduradas peças de roupas. Carlo passou a mão sobre elas... Sim, se as pessoas deixassem suas carteiras nos bolsos, a vida seria mais fácil, logo ninguém precisaria mais esmolar... Mas os bolsos estavam vazios. Ora, o que restava fazer? Voltar para o quarto, para o colchão de palha. Haveria uma maneira melhor de providenciar vinte francos — menos perigosa e mais legítima. Se realmente guardasse alguns centavos das esmolas, até economizar vinte francos para então adquirir uma moeda de ouro... Mas quanto tempo isso poderia durar — meses, talvez um ano. Ah, se tivesse coragem! Ainda estava de pé no corredor. Fitou a porta... Que tipo de fresta era essa ali na porta? Era possível? A porta estava apenas encostada, não trancada?... Por que então se espantava? Havia meses que a porta não fechava. Para que também? Recordava-se de que pessoas tinham dormido aqui apenas três vezes durante o verão: duas vezes aprendizes de ofício e uma vez um turista que machucara o pé. A porta não fecha — Carlo precisa agora apenas de coragem — e sorte também! Coragem? O pior que pode lhe acontecer é os dois acordarem, mas mesmo assim sempre pode inventar uma desculpa. Espreita o quarto pela fresta. Ainda está tão escuro que apenas pode distinguir o contorno de duas figuras deitadas sobre a cama. Carlo presta atenção. Eles respiram calma e regularmente. Carlo abre a porta devagar e entra no quarto com os pés descalços, sem fazer barulho. As duas camas estão dispostas ao longo da mesma parede, de frente para a janela. No meio do quarto, uma mesa. Carlo se arrasta até lá. Tateia a superfície e descobre um chaveiro, um canivete, um pequeno livro — nada mais. Claro, naturalmente! Só ele poderia pensar que tivessem colocado o dinheiro sobre a mesa! Ah, pode ir embora imediatamente! E, contudo, talvez seja necessário apenas um bom lance de sorte... Aproxima-se da cama perto da porta, aqui na poltrona há alguma coisa — ele sente — é um revólver. Carlo estremece... Não seria melhor ficar com ele? Por que este homem tinha colocado o revólver ao seu lado? Se ele acordar e o notar... Mas claro que não. Se isso acontecesse, diria: já são três horas, caro senhor, acorda!... E deixa o revólver no mesmo lugar.

Arrasta-se mais profundamente para dentro do quarto. Aqui na outra poltrona debaixo das roupas íntimas... Ó céus! Aqui está ela... A carteira — ele está com ela!... Neste momento, ouve um leve estalido. Com um movimento brusco, estica-se sobre o chão ao longo do comprimento da cama... De novo o estalido — uma respiração profunda — um pigarro — novamente silêncio, profundo silêncio. Carlo permanece no chão com a carteira na mão e espera. Nada mais se move. O amanhecer já irrompe pelo quarto. Carlo não ousa se levantar, mas consegue se arrastar sobre o chão em direção à porta, que permanece aberta o suficiente para deixá-lo passar, e continua a se arrastar até alcançar o corredor, onde se levanta devagar com um profundo suspiro. Abre a carteira. Ela está dividida em três compartimentos: à esquerda e à direita, apenas pequenas moedas de prata. Carlo abre, então, o compartimento do meio, que está cerrado com um fecho, e percebe três moedas de vinte francos. Por um instante, pensa em ficar com duas delas, mas rapidamente afasta essa tentação de si, pega apenas uma moeda de ouro e fecha a carteira. Em seguida, ajoelha-se, olha pela fresta da porta o quarto novamente silencioso e joga a carteira para dentro, que escorrega até alcançar a segunda cama. Quando o estranho acordar, vai pensar que ela caiu da poltrona. Carlo se levanta devagar. O chão range baixo, e no mesmo momento ouve uma voz de dentro do quarto: "O que foi? O que aconteceu?". Carlo dá dois passos para trás sem respirar e desliza para o próprio quarto. Está em segurança e atento... Mais uma vez a cama estala, e depois tudo fica em silêncio. Entre seus dedos segura a moeda de ouro. Conseguiu — conseguiu! Carlo tem os vinte francos e pode dizer ao irmão: "Viu como eu não sou nenhum ladrão!". E hoje mesmo voltarão a perambular — em direção ao sul, para Bormio através de Veltlin... Depois Tirano... Edolo... Breno... O lago de Iseo, como no ano passado. Isso não levantará suspeita, pois anteontem dissera ao estalajadeiro: "Em alguns dias vamos partir".

O dia desponta, em todo o quarto jaz o amanhecer cinzento. Ah, se Geronimo acordasse logo! Caminha-se tão bem logo cedo! Partirão ainda antes de o sol nascer. Um bom-dia para o estalajadeiro, para o criado e para Maria, e depois partir, partir... E quando estiverem a duas horas daqui, perto do vale, contará tudo a Geronimo.

Geronimo se espreguiça e se vira. Carlo o chama:

— Geronimo!

— O que foi? — Apoia-se com as duas mãos e se senta.

— Geronimo, vamos levantar.

— Por quê? — E dirige os olhos mortos ao irmão. Carlo sabe que Geronimo pensa no incidente de ontem, mas sabe também que não quer dizer uma palavra a respeito, antes prefere se embebedar outra vez.

— Está frio, Geronimo, vamos partir. Hoje não vai ser um dia melhor; eu acho que temos que ir. Lá pela hora do almoço já estaremos em Boladore.

Geronimo se levantou. Já se ouviam os ruídos da casa que acordava. Lá em baixo, no pátio, o estalajadeiro conversava com o criado. Carlo se levantou e desceu. Sempre acordava cedo e já ao amanhecer ia para a estrada. Dirigiu-se ao estalajadeiro e disse:

— Queremos nos despedir.

— Ah, já partem hoje? — perguntou o estalajadeiro.

— Já, o frio é bastante desagradável para quem fica em pé no pátio, o vento nos corta.

— Bom, cumprimenta o Baldetti por mim, quando chegar a Bormio, e diz para ele não se esquecer de me mandar o óleo.

— Claro que sim. De resto... sobre a dormida de hoje. – Ele mexeu na trouxa.

— Tudo bem, Carlo — disse o estalajadeiro. — Dou para seu irmão os vinte centavos; também o escutei cantando ontem. Bom dia.

— Obrigado — disse Carlo. — De resto, não temos tanta pressa. A gente se vê ainda, quando você retornar das cabanas; Bormio continua no mesmo lugar, não é? — riu e subiu as escadas.

Geronimo estava em pé no meio do quarto e disse:

— Bom, estou pronto para partir.

— Já vamos — disse Carlo.

Pegou seus poucos pertences, que estavam sobre uma cômoda no canto do quarto, e embrulhou-os em uma trouxa. Depois comentou:

— Lindo dia, mas muito frio.

— Eu sei — disse Geronimo. Os dois deixaram o quarto.

— Anda sem fazer barulho — disse Carlo —, aqui estão dormindo os dois viajantes que chegaram ontem. — Desceram cuidadosamente. — O estalajadeiro manda lembranças — disse Carlo. — Ele nos deu de presente os vinte centavos pelo pernoite. No momento, está perto das cabanas lá fora e só volta daqui a duas horas. Vamos revê-lo com certeza no próximo ano.

Geronimo não respondeu nada. Seguiram pela estrada que à frente deles jazia no amanhecer. Carlo pegou o braço esquerdo do irmão, e desceram calados em direção ao vale. Logo após uma breve caminhada encontravam-se no ponto onde a estrada começa a ter curvas longas. A neblina crescia à frente deles, vindo a seu encontro, e acima deles os cumes pareciam como que engolidos pelas nuvens. E Carlo pensou: "Bom, vou contar a ele agora".

Mas Carlo não disse uma só palavra: antes pegou a moeda de ouro do bolso e a estendeu até o irmão; este a segurou entre os dedos da mão direita, depois a levou até a bochecha e a testa, finalmente acenou com a cabeça.

— Eu sabia — disse.

— Pois é — retrucou Carlo e olhou Geronimo de modo estranho.

— Mesmo que aquele viajante não tivesse dito nada, eu teria sabido.

— Pois é — disse Carlo perplexo. — Mas você compreende bem por que eu lá em cima na frente dos outros... Temia que você de uma única vez... E olha, Geronimo, pensei que seria bom você comprar uma calça nova e uma camisa e sapatos também; por isso eu...

O cego balançou a cabeça com força.

— Para quê? — E passou as mãos pela calça. — Boa o suficiente, quente o suficiente; agora vamos para o sul.

Carlo não entendeu por que Geronimo não parecia estar contente, por que não se desculpara. E continuou a falar:

— Geronimo, não foi correto da minha parte? Por que você não está feliz? Ora, a gente está com ela, não é mesmo? E estamos com ela por inteiro. Se tivesse contado lá em cima, quem sabe... Oh, é bom que não tenha dito nada... Com certeza!

Geronimo então gritou:

— Pare de mentir, Carlo, estou cheio disso!

Carlo permaneceu em pé e soltou o braço do irmão.

— Eu não estou mentindo.

— Eu sei que você está mentindo!... Mente sempre!... Mentiu já mais de cem vezes!... Também essa você queria guardar com você, mas teve medo, foi isso!

Carlo baixou a cabeça e não respondeu nada. Agarrou outra vez o braço do cego e continuou a caminhar com ele.

Sentiu-se ferido com o que Geronimo falara, mas estava realmente surpreso que não se sentia mais triste.

A neblina se dissipava. Após longo silêncio, Geronimo disse:

— Vai esquentar. — falou com indiferença, evidentemente, como já o falara isso cem vezes, e Carlo sentia nesse momento que para Geronimo nada mudara. Para Geronimo, Carlo sempre fora um ladrão.

— Está com fome? — perguntou Carlo.

Geronimo acenou com a cabeça e imediatamente pegou um pedaço de queijo e pão do bolso da calça e os comeu. E prosseguiram.

O correio de Bormio os alcançou; o cocheiro os chamou:

— Já descendo? — Depois passaram outros coches, todos subiam a montanha.

— Ar do vale — disse Geronimo, e no mesmo instante, depois de uma súbita curva, Veltlin estava a seus pés.

De fato, nada mudara, pensou Carlo. Roubei por ele — e foi tudo em vão.

A neblina abaixo deles era cada vez mais fina, o brilho do sol penetrava por ela entre frestas. E Carlo pensou: "Talvez não tenha sido sensato deixar a estalagem tão rapidamente... A carteira está embaixo da cama, isso certamente é suspeito...". Mas como tudo era indiferente! O que ainda poderia acontecer-lhe de ruim? Seu irmão, cuja luz dos olhos ele destruíra, acreditava-se roubado por ele e acreditava nisso há muitos anos e acreditará sempre. O que ainda poderia acontecer-lhe de ruim?

Abaixo deles, ficava o grande hotel branco como que banhado pelos raios de sol da manhã, e mais abaixo ainda, onde o vale começa a se distanciar, o vilarejo espalhado. Seguiram adiante silenciosos, a mão de Carlo sempre segurando o braço do cego. Passaram pelo parque do hotel, e Carlo viu hóspedes em trajes de verão sentados no terraço, tomando o café da manhã.

— Onde você quer descansar? — perguntou Carlo.

— Ora, no Adler, como sempre.

Quando chegaram à pequena estalagem no fim do vilarejo, entraram. Sentaram-se na taberna e tomaram vinho.

— O que fazem tão cedo aqui? — perguntou o estalajadeiro.

Carlo se assustou um pouco com a pergunta.

— Está tão cedo assim? Hoje é dia dez ou onze de setembro, não é?

— Certamente vieram mais tarde no ano passado.

— Está tão gelado lá em cima — justificou Carlo. — Hoje à noite sentimos frio. Ah, sim, tenho que falar, não se esqueça de mandar o óleo lá para cima.

O ar na taberna era abafado e pesado. Uma inquietude estranha invadiu Carlo; queria voltar para o ar livre, para a estrada vasta, que conduzia para Tirano, Edolo, o lago de Iseo, para todo lugar, para longe! De repente levantou-se.

— Já vamos? — Geronimo indagou.

— Lá pela hora do almoço estaremos em Boladore. No Hirsch, param os coches para o descanso do almoço; é um bom lugar.

E partiram. O cabeleireiro Benozzi estava fumando diante de sua loja.

— Bom dia — gritou. — Então, como está lá em cima? Hoje à noite nevou, não é?

— Nevou, nevou — respondeu Carlo e apressou o passo.

O vilarejo ficou para trás, branca se estendia a estrada entre campos e vinhedos ao longo do rio ruidoso. O céu estava azul e tranquilo. "Por que fiz isso?", pensava Carlo. Olhou o cego de soslaio. "Sua face parece diferente do que era? Sempre acreditou — eu sempre estive só — e sempre me odiou." Era como se caminhasse carregando um pesado fardo que não pudesse retirar dos ombros, como se pudesse ver a noite pela qual Geronimo caminhava ao seu lado, enquanto o sol brilhava sobre todos os caminhos.

E caminharam, caminharam, caminharam horas a fio. De vez em quando, Geronimo sentava-se sobre uma pedra, ou se encostavam junto ao parapeito de uma ponte para descansar. Atravessaram de novo um vilarejo. Diante da estalagem havia coches, os viajantes tinham descido e caminhavam de um lado para outro; mas os dois mendigos não ficaram. Outra vez para o vasto caminho. O sol ficava cada vez mais intenso; a hora do almoço devia estar próxima. Era um dia como tantos outros.

— A torre de Boladore — disse Geronimo. Carlo levantou os olhos. Admirava-se como Geronimo podia calcular as distâncias precisamente: realmente a torre de Boladore já apontava no horizonte. Ainda bastante distante notava-se alguém vindo ao encontro deles. Carlo teve a impressão de que tal pessoa estivera sentada no caminho e de repente se levantara. A figura se aproximava. Carlo viu agora que se tratava de um policial, como muitos outros que frequentemente encontrou na estrada. Mesmo assim, Carlo estremeceu um pouco. Mas quando o homem se aproximou, Carlo o reconheceu e se acalmou. Era Pietro Tenelli; em maio último, os mendigos se sentaram junto dele na estalagem Raggazzi em Morignone, e ele lhes contara uma história horripilante de como quase fora esfaqueado por um bandido.

— Alguém está nos esperando — disse Geronimo.

— Tenelli, o policial — disse Carlo.

Finalmente cruzaram com ele.

— Bom dia, senhor Tenelli — saudou Carlo, que permaneceu em pé diante dele.

— Ocorre o seguinte — disse o policial —: preciso conduzi-los provisoriamente à delegacia de Boladore.

— Ei! — gritou o cego.

Carlo empalideceu. "Como isso é possível?", pensou. "Mas não pode se tratar daquilo. Não se pode ainda saber aqui embaixo."

— Parece que é o caminho de vocês — disse o policial, rindo —, não custa nada vocês virem comigo.

— Por que não diz nada, Carlo? — perguntou Geronimo.

— Mas claro que sim. Senhor policial, como isso é possível... o que devemos... ou melhor, o que devo... realmente não sei...

— Ocorre o seguinte. Talvez você seja inocente, sei lá eu. De qualquer modo recebemos aqui no Comando uma informação por telégrafo de que devemos detê-los, pois são suspeitos, altamente suspeitos de terem roubado dinheiro de pessoas lá em cima. Mas é também possível que sejam inocentes. Então, adiante!

— Por que não está falando nada, Carlo? — perguntou Geronimo.

— Estou, ah, sim, estou...

— Vamos andando! Qual é o sentido de ficar em pé à beira da estrada! O sol está queimando. Em uma hora já estaremos lá. Adiante!

Carlo segurou o braço do irmão como sempre, e continuaram a caminhar devagar, com o policial atrás.

— Carlo, por que não diz nada? — indagou mais uma vez Geronimo.

— Mas, Geronimo, o que você quer que eu diga? Tudo vai se esclarecer; eu mesmo não sei...

E passou-lhe pela cabeça: "Devo explicar-lhe antes de estarmos perante o tribunal?... Não vai dar. O policial nos escuta... Então faço o seguinte. Perante o tribunal vou dizer a verdade. — Senhor Juiz — vou dizer —, não é um roubo como os outros. Foi assim:...". E então esforçou-se para encontrar as palavras, a fim de expor a coisa de modo claro e compreensivo perante o tribunal. "Ontem passou um senhor a caminho do desfiladeiro... Deve ter sido um louco — ou melhor, ele deve ter se enganado... E este homem..."

Mas que absurdo! Quem vai acreditar nisso?... Ninguém o deixará falar muito a respeito. Ninguém vai acreditar nessa história ridícula. Nem mesmo Geronimo acredita nela... E o olhou de soslaio. Durante a caminhada, segundo um velho hábito, o cego balançava a cabeça para cima e para baixo como em um compasso, mas a face permanecia impassível, e os olhos vazios fitavam o ar. E Carlo soube de repente que sorte de pensamentos passava por trás dessa fronte... "Bom, as coisas são assim", Geronimo deve ter pensado. "Carlo não apenas rouba a mim, rouba também outras pessoas... Mas ele pode, ele tem olhos que veem e os aproveita..." Sim, é isso certamente o que Geronimo está pensando... E o fato de ninguém encontrar dinheiro comigo tampouco vai me ajudar — nem perante o tribunal, nem diante de Geronimo. Eles vão me prender e ele... Sim, e ele também será preso, pois está com a moeda de ouro. E não conseguia mais pensar, sentia-se muito confuso. Era como se não compreendesse mais nada de tudo que acontecera e soubesse apenas uma coisa: ficaria na cadeia por um ano com prazer... Ou por dez, se apenas Geronimo soubesse que se tornara ladrão só por causa dele.

E de repente Geronimo parou, o que obrigou Carlo a parar também.

— Ei, o que foi? — disse o policial, irritado. – Adiante, adiante! — Mas nesse instante o policial viu, surpreso, que o cego deixou cair o violão no chão, ergueu os braços e tateou as bochechas do irmão com as mãos. Em seguida, aproximou seus lábios da boca de Carlo, que não entendeu o que estava acontecendo, e o beijou.

— Estão loucos? — perguntou o policial. — Adiante! Adiante! Não quero ficar torrando no sol.

Geronimo ergueu o violão do chão, sem dizer uma palavra. Carlo respirou fundo e colocou sua mão de novo no braço do cego.

— Adiante! — gritou o policial. — Vocês vão ou não vão?! — E bateu nas costelas de Carlo.

E Carlo, conduzindo o cego com um firme aperto em seu braço, continuou adiante, com passos bem mais rápidos do que antes. O sorriso não queria abandonar seu semblante. Era como se nada mais de ruim pudesse acontecer-lhe agora — nem perante o tribunal, nem em qualquer outro lugar do mundo. Ele tinha seu irmão de novo... Não, ele o tinha pela primeira vez...

TENENTE GUSTL

Será que ainda vai demorar muito? Vou olhar o relógio... Talvez não seja conveniente em um concerto tão sério. Mas quem vai notar? Seja lá quem for, está prestando tão pouca atenção quanto eu, portanto, não devo me preocupar... Ainda quinze para as dez?... Tenho a impressão de estar sentado aqui há três horas. Não estou habituado, é isso... Do que se trata mesmo? Vou dar uma olhada no programa. Ah, aqui está: um oratório! Pensei que fosse uma missa. O lugar dessas coisas é na igreja! A vantagem é que de lá podemos sair a qualquer instante. Se ao menos estivesse sentado no corredor! Ah, paciência! Paciência! Até os oratórios têm fim! Talvez seja muito bonito, apenas não estou com vontade. Afinal, por que estaria? Quando penso que vim para me divertir... Se tivesse dado o ingresso para o Benedek, teria se divertido, pois gosta dessas coisas, inclusive toca violino. Mas aí então teria ofendido o Kopetzky. Foi muito gentil da parte dele, teve a melhor das intenções. Um bom sujeito, esse Kopetzky! O único em quem se pode confiar... Sua irmã está cantando lá no palco no meio de centenas de outras jovens, todas vestidas de preto. Como vou reconhecê-la? Por isso o Kopetzky ganhou o ingresso, pois ela é do coro... Por que ele mesmo não veio? Aliás, cantam muito bem. É com certeza muito comovente! Bravo! Bravo!... Sim, vou aplaudir também. O senhor do meu lado está batendo palmas feito um louco. Será que gostou tanto assim? A moça do camarote lá em cima é linda. Será que está olhando para mim ou para o senhor ali de barba loira?... Ah, um solo! Quem está cantando? Contralto: senhorita Walker, soprano: senhorita Michalek... Essa deve ser a soprano... Faz um tempão que não vou à ópera. Na ópera sempre me divirto, mesmo quando é chata. Depois de amanhã poderia ir ver *La Traviata*. Mas até lá talvez já seja um cadáver! Ah, bobagem! Não acredito nisso! Aguarde, senhor doutor! O senhor vai aprender a não fazer tais observações, vou cortar a ponta do seu narigão...

Se ao menos pudesse ver melhor aquela moça do camarote! Gostaria de pedir emprestado o binóculo do senhor ao meu lado, mas vai acabar comigo se sua concentração for perturbada... Onde será que a irmã do Kopetzky está? Será que sou capaz de reconhecê-la no palco? Vi-a somente duas ou três vezes, a última no clube dos oficiais... Será que são todas moças decentes? Ah, duvido!... "Com a participação do coro Singverein"! Coro Singverein... que engraçado! Sempre imaginei algo parecido com as cantoras-dançarinas de Viena... Ou melhor, é claro que sabia que era algo diferente!... Boas lembranças! Aquela época no Grünes Tor... Qual era mesmo o nome dela? E uma vez me mandou um cartão-postal de Belgrado... Uma linda região! Kopetzky tem sorte de estar agora sentado no bar fumando seu charuto Virginia!

Por que aquele sujeito não para de me encarar? Parece que sabe que me entedio e que não faço parte deste ambiente... Espero que não me faça mais esta cara insolente, senão vai ver só comigo mais tarde no foyer. Ainda bem, já está olhando para o outro lado!... Curioso como todos temem o meu olhar... "Você tem os olhos mais lindos que já vi", disse Steffi recentemente... Oh! Steffi, Steffi, Steffi! Na realidade, ela é a culpada por eu estar sentado aqui horas a fio ouvindo todo este lamento. Ah, as eternas desculpas da Steffi estão realmente me irritando! Que linda poderia ter sido a noite de hoje! Gostaria muito de ler o bilhete dela. Está aqui comigo. Mas se mexer na carteira, o sujeito ao meu lado vai me matar! Inclusive já sei o que está escrito... Ela não pode vir, porque tem que jantar com "ele"... Ah, foi engraçado vê-los juntos há oito dias na Gartenbaugesellschaft, Kopetzky e eu na frente, e ela me fazendo todos os sinais combinados com os olhos. Ele não notou nada — inacreditável! Só pode ser judeu! Claro que trabalha num banco, e aquele bigode preto... Dizem que é tenente da reserva! Mas no meu regimento, ele nunca tomaria parte dos exercícios com arma! Não entendo por que ainda saem tantos oficiais judeus. Não estou nem aí para esse negócio de antissemitismo! Recentemente na reunião na casa dos Mannheimer tive um incidente com o tal doutor. Os próprios Mannheimer devem ser judeus, convertidos, é claro. Mas ninguém diria, principalmente a mulher... tão loira e bela... Foi tudo muito divertido. Comida deliciosa, charutos extraordinários... Pois é, quem tem dinheiro...

Bravo, bravo! Será que já vai acabar? Sim, todos no palco se levantam. Fica lindo, imponente! Órgão também? Gosto muito de órgão... Isso sim me agrada muito! É verdade, a gente deveria ir mais vezes aos concertos... Vou dizer ao Kopetzky que foi maravilhoso... Será que vou encontrá-lo hoje no café? Não estou com vontade de ir ao café, pois ontem me irritei muito! Também não é para menos: perder cento e sessenta moedas de ouro de uma só vez é uma estupidez! E quem ganhou tudo? O Ballert, justamente quem não precisa... A propósito, o Ballert é o verdadeiro culpado por eu ter vindo a esse concerto chato... Pois é, se tivesse ido jogar, quem sabe até poderia ter recuperado alguma coisa. Mas é bom que eu tenha jurado para mim mesmo não tocar no baralho por um mês... Mamãe vai fazer uma cara feia quando receber minha carta!

Ah, o melhor vai ser ela procurar meu tio que tem dinheiro sobrando. Aliás, um par de moedas de ouro a mais ou a menos não faz a menor diferença para ele. Se ao menos conseguisse que me desse uma mesada regular... Nem pensar! Teria que mendigar por cada centavo a mais e ainda por cima ouvir que no ano passado a colheita fora ruim!... Será que devo passar quinze dias na casa dele este verão? Na realidade, a gente morre de tédio lá... Se a reencontrasse... Como se chamava mesmo?... É estranho, não consigo guardar nomes! Sim, claro: Etelka! Não entendia nenhuma palavra de alemão, mas também não fazia falta... A gente nem precisava conversar!... É, vai ser muito bom passar quinze dias ao ar livre e quinze noites ao lado de Etelka ou de qualquer outra... Mas tenho que passar também oito dias com o papai e a mamãe... Mamãe não parecia muito bem no último Natal... Acho que agora a humilhação foi superada. No lugar dela, ficaria feliz com a aposentadoria do papai. E a Klara logo vai arranjar um marido... Basta o titio deixar alguma coisa de herança... Vinte e oito anos, não é muito velha... Com certeza, a Steffi não é tão mais nova... Mas é curioso como as mulheres conseguem permanecer jovens por mais tempo. Veja só a Maretti, recentemente em *Madame Sans-Gêne*, deve ter no mínimo seus trinta e sete anos, mas não aparenta... Nunca teria dito não! Pena que não me perguntou...

Que calor! Ainda não acabou? Ah, quero tanto sentir o ar fresco. Vou passear um pouquinho, dar uma volta no Ring... Hoje vou dormir cedo, para amanhã de tarde estar bem disposto! Engraçado como penso tão pouco o quanto tudo isso é indiferente para mim! Na primeira vez fiquei um pouco excitado. Não que tivesse sentido medo, mas fiquei nervoso na noite anterior... De fato, o tenente-coronel Bisanz era um adversário sério. Contudo, nada me aconteceu!... Lá se vai um ano e meio. Como o tempo passa depressa! E se o Bisanz não fez nada comigo, não será o doutor que o fará! Embora os esgrimistas mais perigosos sejam justamente os menos treinados. O Doschintzky me contou que um sujeito, que tinha pegado o sabre pela primeira vez, não o matou por um triz. E olha que o Doschintzky é professor de esgrima na guarda imperial. Mas será que naquela época ele era tão bom assim?... O mais importante é ter sangue-frio. Já nem sinto mais raiva, mas que foi uma insolência, ah, isso foi! Ele não teria se atrevido, se antes não tivesse bebido champanhe... Que insolência! Sem dúvida um socialista! Hoje em dia todos os rábulas são socialistas! Uma corja... Acabariam com o exército inteiro, se pudessem. Mas quem os socorreria, se os chineses[1] nos atacas-

1 | Referência ao Levante dos Boxers, de 1899. Movimento anticolonialista na China. Os insurgentes foram derrotados por uma aliança internacional colonialista. [N.T.]

sem? Nisso, eles não pensam. Idiotas! De vez em quando a gente tem que dar uma lição neles. Fiz bem! Estou satisfeito por não ter me omitido depois daquela observação. Toda vez que penso a respeito, fico furioso. Mas agi de modo magnífico. O próprio coronel disse que fui absolutamente correto. Tudo isso pode até me ser útil. Conheço muitos que teriam deixado o sujeito safar-se. O Müller, por exemplo, teria sido mais objetivo ou coisa parecida. Como o objetivismo pode nos expor ao ridículo... "Senhor tenente!"... Ah, já foi um desaforo o modo como disse "senhor tenente!"... "O senhor tem que admitir"... Mas como foi que chegamos a esse ponto? Como foi que me meti numa conversa com um socialista? Como começou mesmo?... Parece que a morena, que eu conduzira até o bufê, também estava presente... E o pintor de quadros de caça, como se chama mesmo?... Por Deus, ele é o culpado por toda essa história! Foi ele quem começou a falar sobre as manobras, então surgiu o tal doutor e disse qualquer coisa que não me agradou a respeito dos jogos de guerra, mas até aí não pude lhe dizer nada... Depois falaram sobre a escola de cadetes... Sim, isso mesmo... E falei sobre uma festa patriótica... E então o tal doutor não imediatamente, mas tratava-se de fato da festa, retrucou: "Senhor tenente, o senhor tem que admitir que nem todos os seus camaradas se tornaram militares unicamente para defender a pátria!". Que insolência! Como ousa um sujeito como aquele dizer isso na cara de um oficial? Se conseguisse me lembrar da resposta que dei... Ah, alguma coisa sobre pessoas que se metem em assuntos dos quais nada entendem... Sim, foi isso... Aí apareceu alguém que quis conciliar, um senhor idoso com o nariz todo entupido... Eu já estava com o sangue fervendo! O tal doutor disse aquilo num tom que parecia dirigir-se diretamente a mim. Só faltou dizer que fora expulso do ginásio e por isso me puseram na escola de cadetes... As pessoas não conseguem nos entender, são muito estúpidas... Quando me lembro da primeira vez que vesti o uniforme... É raro alguém sentir isso... Ou das manobras do ano passado — daria tudo para que essas coisas de repente se tornassem sérias... E o Mirovic me disse que sentira a mesma coisa. Depois, Sua Alteza passando em revista a cavalo, e o coronel discursando — quem não se comove com isso deve ser um verdadeiro canalha... Então surge um rato de biblioteca que não fez nada a vida inteira a não ser ficar sentado atrás dos livros e pronuncia uma impertinência dessas!... Ah, aguarde, meu caro, até a hora do confronto... Isso mesmo, vou deixá-lo fora de combate...

Mas o que é isto? Será que vai acabar logo?... "Vós, ó anjos, louvai o Senhor"... Sim, é o coro final... Maravilhoso, ninguém pode dizer o contrário. Maravilhoso! Esqueci completamente a garota que começara a flertar comigo. Onde está afinal?... Deve ter ido embora... Aquela lá parece ser bem simpática... Que droga não ter trazido o binóculo! O Brunnthaler, que é bem esperto, guarda seu binóculo sempre no caixa do café. Assim não fica desprevenido... Se pelo menos a pequena à minha frente se virasse um pouquinho... Fica todo tempo bem sentadinha. Do lado dela está a mãe, com certeza. Será que já não é tempo de pensar seriamente em casamento? O Willy não era mais velho do que eu quando deu esse passo. Nada mal ter uma mulherzinha bonita sempre à disposição em casa... Que droga! Justamente hoje a Steffi não tem tempo. Se no mínimo soubesse onde está, me sentaria de novo cara a cara com ela. Daria uma boa história ele aparecer, daí eu é que teria de cuidar dela... Quando penso quanto custa ao Fließ seu relacionamento com a Winterfeld! E, ainda por cima, ela o traindo pelas costas e pela frente. Isso ainda vai acabar mal qualquer dia desses... Bravo, bravo! Acabou!... Que bom poder levantar, mexer-se... Ora, ora! Quanto tempo este sujeito ainda vai precisar para guardar seu binóculo na caixa?

— Desculpe, por gentileza, posso passar?...

Mas que multidão! É melhor deixar todo mundo passar... Que moça elegante... Será que são brilhantes de verdade?... Aquela lá parece simpática... Como me olha!... Pois não, senhorita, com muito prazer!... Oh, o nariz! Judia... Mais uma... É incrível, também aqui a metade é de judeus. Nem sequer um oratório se pode ouvir em paz. Vamos entrar na fila então... Por que este idiota atrás de mim está me empurrando? Ele vai ver só uma coisa... Ah, um senhor idoso!... Quem será que está me cumprimentando lá do outro lado?... Boa noite, boa noite! Não tenho a menor a ideia de quem seja... O melhor seria ir logo jantar no Leidinger. Ou na Gartenbaugesellschaft? Será que a Steffi ainda está lá? Por que não me escreveu dizendo aonde ia com ele? Vai ver que nem sabia. No fundo é horrível ter uma existência dependente... Coitada! Enfim, a saída... Ah, essa é linda! Sozinha? Como sorri para mim. Não seria má ideia segui-la... Mas agora descer as escadas. Um major do 95... Agradeceu muito amavelmente meu cumprimento. Quer dizer que não sou o único oficial que assistiu ao concerto... Mas onde foi parar aquela moça bonita? Ah, ali... Perto do corrimão... Agora falta ir em direção ao guarda-roupa. Não quero deixar escapar esta pequena... Puxa, já tem um, a miserável! Estava esperando um cavalheiro e ainda tem coragem de rir para mim! Nenhuma delas vale nada... Meu Deus, que multidão perto do guarda-roupa!... Vou esperar mais um pouco... Bom! Será que o idiota do empregado vai pegar meu número?

— Ei, aqui o duzentos e vinte e quatro! Está pendurado ali! O senhor não está vendo? Ali, está pendurado ali! Enfim, graças a Deus!... Aqui por favor!...

O gordo ali quase que ocupa o guarda-roupa inteiro.

— Aqui, por favor!

— Paciência, paciência!

O que foi que o sujeito falou?

— Só um pouquinho de paciência!

Vou ter que responder:

— Por favor, abra espaço!

— Ora, ora, o senhor não vai perder nada!

O que foi que disse? Dirigiu-se a mim? Mas isso é grave! Não posso deixar passar.

— Calma!

— O que o senhor quer dizer?

Mas que tom! É o cúmulo!

— Não empurre!

— O senhor aí, feche o bico! — Não deveria ter dito isso, fui muito grosseiro. Agora já foi!

— Como?

Está se virando... Eu o conheço. Caramba, é o padeiro que sempre vem ao café. Mas o que é que está fazendo aqui? Acho que tem uma filha ou um parente no coro. O que é isso? O que está fazendo? Parece até... Sim, por Deus, está segurando o punho da minha espada... Ficou maluco?...

— Senhor...

— Fique bem quietinho, senhor tenente!

O que foi que disse? Pelo amor de Deus, será que alguém ouviu? Não, falou baixinho... Mas por que não larga a minha espada?... Puxa, meu Deus do céu, de novo... Ah, vou ter que usar a violência... Mas não consigo tirar sua mão do punho da espada. Nada de escândalo agora!... Será que o major está atrás de mim?... Tomara que ninguém tenha notado que ele está segurando o punho da minha espada e falando comigo. Mas o que está dizendo?

— Senhor tenente, se fizer alguma cena, desembainho sua espada, pico-a em pedacinhos e mando-os para o seu comandante. Entendido, garoto estúpido?

O que foi que disse? Parece que estou sonhando! Está realmente falando comigo? Tenho que responder alguma coisa... Mas o sujeito está falando sério... Está desembainhando a minha espada. Meu Deus — está puxando mesmo!... Parece que começa a forçá-la! O que está falando?... Pelo amor de Deus, sem escândalo... O que é que continua falando?

— Mas não pretendo estragar a sua carreira. Por isso, acalme-se!... Isso mesmo, não tenha medo, ninguém ouviu nada. Passou... E para que ninguém saiba que a gente brigou, serei agora muito gentil com o senhor! Foi um prazer, senhor tenente, que honra. Que prazer!

Meu Deus, será que sonhei?... Acabou de dizer tudo isso mesmo?... Para onde foi?... Por ali... Deveria puxar a espada e dar-lhe uma surra. Meu Deus, será que ninguém ouviu nada mesmo?... Não, ele falou bem baixinho, no meu ouvido. Por que não vou atrás dele e não lhe arrebento a cabeça?... Não é possível... Devia tê-lo feito imediatamente... Por que não o fiz?... Não pude... Ele não soltava o punho da espada e é dez vezes mais forte do que eu. Se tivesse dito qualquer coisa, com certeza teria quebrado o sabre. Na realidade, tenho que ficar feliz por não ter falado alto! Se alguém tivesse escutado alguma coisa, teria de dar um tiro na minha cabeça imediatamente. Será que não foi só um sonho mesmo?... Por que aquele senhor encostado na pilastra está me encarando? Será que ouviu algo?... Vou perguntar... Perguntar? Estou ficando louco! Como pareço agora? Será que alguém está notando alguma coisa em mim? Devo estar pálido... Onde está o cachorro?... Tenho que matá-lo!... Foi embora... O teatro já está quase vazio... Onde está o meu casaco?... Já o vesti... Nem notei... Quem me ajudou a vesti-lo?... Ah, aquele ali... Devo dar-lhe um trocado... Isto!... Mas o que é isso? De fato aconteceu? Alguém realmente falou comigo desse jeito? Me chamou de "garoto estúpido"? E não acabei com ele logo em seguida?... Mas não pude... Ele tem um punho de ferro. Fiquei imóvel como que pregado ao chão. Não, devo mesmo ter perdido o juízo, pois poderia ter usado a outra mão... Mas aí ele teria puxado a espada e a quebrado, e tudo estaria acabado para mim — tudo! E depois, quando partiu, era tarde demais... Não podia atacá-lo pelas costas...

O quê? Já estou no meio da rua? Como foi que saí de lá? Está fresco... Ah, o vento, que bom... Quem é aquele ali do outro lado da rua? Por que aquelas pessoas estão me olhando? Alguém deve ter ouvido alguma coisa... Não, ninguém conseguiu ouvir nada. Eu sei, dei uma olhada ao redor logo em seguida! Ninguém prestava atenção em mim, ninguém ouviu nada. Mas ele falou, mesmo que ninguém tenha ouvido, falou de verdade. E fiquei lá parado, ouvindo, como se alguém tivesse me batido na cabeça!... Mas não podia ter falado nem feito coisa alguma. Foi a única coisa que me restou fazer: ficar calado, calado!... É horrível, é insuportável. Tenho que matá-lo onde quer que se encontre!... Um miserável, um cachorro dizer uma coisa dessas para mim! Ainda por cima me conhece... Meu Deus, ele me conhece, sabe quem sou!... Pode contar para todo mundo o que me disse!... Não, isso ele não vai fazer, do contrário não teria falado baixinho. Queria que só eu ouvisse!... Mas quem me garante que não vai contar hoje ou amanhã à esposa, à filha, aos seus conhecidos no café?... Meu Deus, amanhã vou vê-lo de novo! Se for ao café amanhã, estará lá sentado, como sempre, jogando cartas com o senhor Schlesinger e o florista... Não, não vou aguentar isso, não vou!... Se o vir, vou acabar com ele!... Não, não posso fazê-lo... Deveria tê-lo feito na hora, sim, na hora!... Se tivesse sido possível!... Vou procurar o coronel e contar-lhe o acontecido. Sim, ao coronel. O coronel é sempre tão simpático! Vou dizer-lhe: "Senhor coronel, informo-o com todo respeito que segurou o punho da minha espada e não o largou mais. Foi como se eu estivesse desarmado". O que o coronel vai dizer? O quê? Apenas uma coisa: renuncie! Que vergonha! Que desonra! Renunciar!... São voluntários ali do outro lado da calçada?... Que desagradável, de noite parecem oficiais... Estão batendo continência para mim! Se soubessem! Ah, se soubessem!... Lá está o café Hochleitner... Alguns companheiros devem estar lá dentro agora. Talvez um ou outro conhecido meu. E se contasse tudo ao primeiro que aparecesse como algo acontecido a outra pessoa?... Estou ficando maluco... que ruas são essas? O que estou fazendo nelas? Sim, mas para onde ir? Não queria ir ao Leidinger? Haha, sentar-me no meio das pessoas... Acho que todos saberiam que... Alguma coisa tem que acontecer... Mas o quê?... Nada, nada, ninguém ouviu nada... Ninguém sabe de nada... Até agora... Se fosse agora até a sua casa e lhe suplicasse que não contasse nada a ninguém?... Antes uma bala na cabeça!... Talvez fosse o mais sensato!... O mais sensato? O mais sensato? Será que não existe outra coisa... Nenhuma outra... Se perguntasse ao coronel ou ao Kopetzky, ou ao Blany, ou ao Friedmaier... Todos diriam: "Não lhe resta outra opção!". E se falasse com o Kopetzky?... Isso justamente seria o mais razoável... por causa do negócio de amanhã... Sim, claro, o negócio de amanhã... Às quatro, no quartel de cavalaria... Tenho que duelar amanhã às quatro...

E, no entanto, não poderei fazê-lo, pois estou desqualificado... Besteira! Besteira! Ninguém sabe de nada, ninguém sabe de nada! Coisas piores aconteceram com outras pessoas que andam por aí... Quanta coisa não se falou sobre o Deckener quando duelou com o Rederow... E mesmo assim o conselho de honra autorizou o duelo... Mas o que o conselho decidiria no meu caso? "Garoto estúpido", garoto estúpido... E fiquei calado! Santo Deus, tanto faz se alguém sabe ou não!... Eu sei, isso é que importa! Sinto que agora sou alguém diferente do que era há uma hora, estou desqualificado e por isso tenho que me matar... Nunca mais na vida terei um minuto de sossego. Sempre ficarei com medo que alguém descubra alguma coisa e me jogue na cara o que aconteceu hoje! Como era feliz há uma hora... Por que o Kopetzky tinha que me dar o ingresso e a Steffi cancelar o encontro? A vida de um homem ficar à mercê de uma coisa dessas... De tarde estava tudo bem, e agora sou um homem perdido que deve se matar... Por que estou correndo? Não tenho nada urgente a fazer... O relógio está batendo... Que horas são?... 1, 2, 3, 4, 5, 6, 7, 8, 9, 10, 11... Onze horas... Deveria ir jantar! Ir a algum lugar... Uma taberna qualquer onde ninguém me conheça... Afinal de contas, o homem precisa comer, mesmo que vá se matar logo depois... Haha, a morte não é brincadeira de criança... Quem disse isso mesmo recentemente?... Pouco importa...

Será que alguém vai sofrer com isso?... Mamãe, Steffi?... A Steffi... Meu Deus, a Steffi... Nem poderá demonstrar tristeza, senão "ele" vai dispensá-la... Coitada! No quartel, ninguém saberia por que fiz isso... Quebrariam a cabeça pensando por que o Gustl se matara. Ninguém adivinharia que tive que me matar por causa de um padeiro miserável, um infame que por acaso tem punhos mais fortes... É estúpido, estúpido demais! Por essas e outras, um sujeito como eu, jovem, elegante, vai... Com certeza, todos dirão depois: "Ele não deveria ter feito isso por causa de uma estupidez. Que pena!". Mas se perguntasse agora para alguém o que fazer, todos me dariam a mesma resposta. Eu mesmo se me pergunto... É o inferno... Estamos totalmente indefesos diante dos civis. Há quem pense que somos privilegiados porque temos um sabre. No entanto, se fazemos uso da arma, todos caem em cima da gente, como se fôssemos todos assassinos natos. No jornal, também vai sair: "Suicídio de um jovem oficial". Como é mesmo que eles escrevem isso?... "O motivo ainda é obscuro." Haha!... "Choram à beira do seu túmulo." Mas é verdade... Sempre me parece que estou contando uma história para mim mesmo... Mas é verdade... Tenho de me matar, não me resta outra coisa a fazer. Não posso deixar que amanhã cedo o Kopetzky e o Blany venham me devolver seus mandatos e dizer-me que não podem ser meus padrinhos no duelo!... Seria um canalha se exigisse isso deles... Um sujeito como eu ficar parado ouvindo ser chamado de garoto estúpido... Amanhã todos vão saber... É tolo achar que um homem como esse não vai contar nada... Vai contar para todo mundo... Sua esposa já soube de tudo hoje. Amanhã todo o café vai saber. Inclusive os garçons... O senhor Schlesinger, até a moça do caixa... Ainda que tenha prometido não contar nada, vai falar depois de amanhã. Se não for depois de amanhã, vai ser na próxima semana. Mesmo que hoje à noite ele tivesse um derrame, eu sei de tudo... sei da história toda... Não sou o tipo de homem de continuar usando o uniforme e carregando a espada depois de um ultraje desses!... Então devo fazê-lo e pronto, acabou! O que há de especial nisso? Amanhã de tarde o doutor poderia me matar com a espada. Isso já aconteceu outras vezes. E o Bauer, coitado, teve encefalite e morreu em três dias... E o Brenitsch que caiu do cavalo e quebrou o pescoço... Enfim, para mim não resta nada a fazer, nada! Talvez existam pessoas que não levassem a sério. Meu Deus, como existem pessoas diferentes!... O açougueiro deu uma bofetada no Ringeimer, quando o pegou com a esposa. Pois ele renunciou, foi para o campo e se casou. Como é que uma mulher se casa com um tipo desses!... Por Deus, não lhe estenderia a mão, se voltasse a Viena. Muito bem, Gustl, você ouviu: acabou, acabou, é o fim! Ponto final!... Agora sei que o enredo é bem simples. Aliás, estou bem calmo... Sempre soube que quando chegasse a hora, eu ficaria calmo, muito calmo... O que nunca pensei é que esta hora chegaria deste modo... Nem que tivesse que me matar por causa de um... Talvez não o tenha entendido direito... Será que disse alguma outra coisa?... Estava tão cansado de toda cantoria e do calor... Quem sabe eu não estava louco, e nada disso seja verdade... Não é verdade, haha, não é! Contudo, ainda estou ouvindo... Ainda ressoa nos ouvidos... Sinto ainda na ponta dos dedos como quis afastar sua mão do sabre... É um homem muito forte, um verdadeiro Jagendorfer[2]... Mas eu não sou nenhum fracote... No quartel, só o Franziski é mais forte do que eu.

A ponte de Aspern... Até onde vou correndo deste jeito? Se continuar assim, à meia-noite estarei em Kagran... Haha! Meu Deus, como fomos felizes no último setembro, quando entramos para o exército lá. Mais duas horas e depois Viena... Estava morto de cansado, quando chegamos... Dormi a tarde toda, feito uma pedra, e de noite já estávamos no Ronacher... O Kopetzky, o Ladinser e... Quem mais estava com a gente mesmo? Sim, claro, o voluntário, o qual durante a marcha nos contou piadas de judeus. Às vezes são rapazes bem simpáticos esses voluntários por um ano... Mas devem permanecer apenas como lugares-tenentes, pois qual seria o sentido se não fosse

2 | Georg Jagendorfer: pugilista. [N.T.]

assim? A gente se mata anos a fio, e um sujeito qualquer chega, serve só um ano e recebe a mesma patente que a gente... É uma injustiça! Mas o que é que tenho a ver com isso? O que me importam tais coisas? Um soldado raso do rancho vale mais do que eu agora... Já nem existo mais... Acabou-se para mim... Perdida a honra, perdido tudo!... Não tenho mais nada a fazer a não ser carregar meu revólver e... Gustl, Gustl, parece que você ainda não está acreditando? Pense bem... Não há outra coisa a fazer... Ainda que você martele a cabeça, não vai encontrar outra saída! Agora trata-se apenas de comportar-se decentemente: ser um homem, um oficial, para que o coronel diga: "Foi um sujeito valente. Vamos guardá-lo na memória!...". Quantas companhias vão ao enterro de um tenente?... Deveria saber isso... Haha! Mesmo que o batalhão todo desfile ou a guarnição inteira, vinte salvas não vão me acordar! Ali, diante daquele café, lá estava eu no verão passado sentado ao lado do senhor Von Engel após o Steeple-Chase do exército[3]... Engraçado, nunca mais o vi desde então... Por que tinha o olho esquerdo coberto? Sempre quis perguntar-lhe, mas acho que não teria sido conveniente... Ali vão dois artilheiros que certamente estão pensando que persigo esta mulher... Vamos ver como ela é... Que horror! Gostaria de saber como tal cria-

3 | Corrida militar de obstáculos com cavalo. [N.T.]

tura consegue ganhar a vida... Preferiria antes... Contudo, na necessidade, até o diabo come moscas... Em Przemyśl, foi tão horrível para mim que pensei que nunca mais tocaria numa mulher... Tempos difíceis aqueles na Galícia... Na realidade tivemos uma sorte danada de virmos para Viena. O Bokorny ainda permanece em Sambor e talvez passe mais dez anos por lá, ficando velho e grisalho... Mas se tivesse continuado por lá, nada do que está acontecendo comigo hoje teria ocorrido... Preferiria envelhecer e ficar grisalho na Galícia a... a o quê? A o quê? Sim, o quê? O quê? Terei enlouquecido para sempre me esquecer? Sim, por Deus, esqueço a cada instante... Porém, já se viu alguém, que vai meter uma bala na cabeça daqui a algumas horas, pensar em tantas coisas que não lhe dizem mais respeito? Meu Deus, comigo acontece justamente isso, é como se tivesse tomado um porre! Haha! Um belo porre! Um porre de matar! Um porre de se matar! Ah! Esta é boa, ainda estou fazendo piada! Sim, estou de bom humor. Deve-se nascer com isso... Sinceramente, se contasse para alguém, não acreditaria. Parece que se o negócio estivesse comigo... Puxaria o gatilho agora, tudo estaria acabado em um segundo... Nem todo mundo tem a mesma sorte, há quem se atormente meses a fio... Minha prima, coitada, passou dois anos na cama sem poder se mexer com dores horríveis — um verdadeiro desespero!... Será que não é melhor a gente acabar com isso logo?

É só mirar com cuidado, para que uma desgraça não aconteça, como aquela do cadete lugar-tenente no ano passado... O pobre-diabo não morreu, mas ficou cego... O que será que aconteceu com ele? Onde está morando? Que terrível andar de um lado para outro por aí como ele, quer dizer, andar não consegue, precisa ser guiado. Um jovem, nem sequer vinte anos... Acertou na amante, que morreu logo em seguida... Incríveis os motivos que levam a gente a se matar! Como alguém pode sentir ciúmes?... Nunca conheci tal sentimento em toda a vida... A esta hora a Steffi está se divertindo na Gartenbaugesellschaft, depois vai para casa com "ele"... Pouco me importa! Ela tem um bonito apartamento (o banheirinho com a lâmpada vermelha). Quando entrou nele com a camisola de seda verde... A camisola... Nunca mais vou vê-la, nem a Steffi... Nem mais subir a linda e larga escada da rua Gusshaus... A senhorita Steffi continuará se divertindo, como se nada tivesse acontecido... Nem sequer poderá contar a alguém que seu amado Gustl se matou... Ah, mas chorar sim, isso sim... Aliás, muitos vão chorar... Meu Deus, a mamãe! Não, não posso pensar nisso. Não, isso não deve ser pensado. Não posso pensar no lar, entendido, Gustl? Nem um pouquinho...

Nada mau, cheguei ao Prater... No meio da noite... Não teria imaginado hoje pela manhã que viria passear aqui de noite... O que será que o guarda ali está pensando?... Deixa para lá, vamos continuar... É tão bonito aqui... Já não dá mais nem para jantar nem para ir ao café. O ar é agradável, está tranquilo aqui... Tão... É verdade, logo terei tranquilidade, toda a tranquilidade que desejar. Ah, estou quase sem ar... Vim correndo como um doido... Mais devagar, devagar, Gustl, não vai perder nada, você não tem mais nada para fazer mesmo — nada, absolutamente nada! Será que estou tremendo? Deve ser por causa da emoção... Além do mais, não comi nada... Que cheiro estranho é esse?... Alguma flor se abrindo, será possível?... Que dia é hoje? Quatro de abril... Também choveu muito nos últimos dias... Contudo, as árvores seguem desfolhadas... E como está escuro, uh! Dá até para sentir medo... Na realidade só senti medo uma única vez na vida, ainda garoto, lá na floresta... Mas não era tão pequeno assim... Quatorze ou quinze anos... Faz quanto tempo? Nove anos?... Pode ser, aos dezoito era lugar-tenente, aos vinte, tenente... No próximo ano me tornarei... No próximo ano? Mas o que quer dizer próximo ano? E próxima semana? Ou depois de amanhã?... O quê? Estou batendo os dentes? Oh! Podem bater um pouquinho... Senhor tenente, o senhor está sozinho agora, não precisa mais fingir... Mas é duro, duro...

Vou me sentar no banco... Ah! Será que estou muito longe? Que escuridão! Acho que atrás de mim fica um segundo café... Estive aqui uma vez no verão passado, quando a nossa banda deu um concerto... Com o Kopetzky, o Rüttner e mais alguns outros... Nossa, como estou cansado... Cansado como se tivesse marchado dez horas... Dormir seria bom. Ah, um tenente sem-teto... Deveria voltar para casa. Mas para fazer o quê? No entanto, o que estou fazendo no Prater? Ah, seria melhor se não tivesse que me levantar; dormir e nunca mais acordar... Seria cômodo! Senhor tenente, a coisa não vai ser tão cômoda assim... Mas como e quando? Agora finalmente poderia refletir melhor toda a história... Deve-se refletir sobre tudo... Na vida é assim... Então reflitamos... Mas o quê?... Ah, como o ar está agradável... A gente deveria passear mais vezes no Prater à noite... Puxa, deveria ter pensado nisso antes, agora tudo acabou: o Prater, o ar agradável, os passeios... E daí? Ah, vou tirar o quepe, está me apertando a cabeça... Não consigo pensar direito assim... Ah! Finalmente!... Agora se recomponha Gustl... Tomar as últimas decisões! Amanhã cedo será o fim... às sete... Sete é uma ótima hora. Haha! Isso. Às oito, quando as aulas começarem, já estará tudo acabado. De qualquer modo, o Kopetzky nem poderá dar aula mesmo, de tão abalado... Mas talvez ainda não saiba... Não é preciso ouvir nada... O Max Lippay se matou pela manhã e só foi encontrado de tarde. Ninguém ouviu nada. No entanto, pouco me importa se o Kopetzky vai dar ou não sua aula... Ah, então às sete horas! E depois?... Não há mais nada para se refletir depois. Tranco-me no quarto, dou um tiro na cabeça e acabou! Na segunda-feira, o cadáver... Conheço uma pessoa que vai ficar feliz: o doutor... "O duelo não poderá ocorrer por causa do suicídio de uma das partes"... E os Mannheimer, o que vão dizer?... Não, ele não vai dar muita importância... porém, ela, a loira, a bela... esta sim dá o que pensar... Acho que teria tido uma chance, se tivesse me concentrado um pouquinho... Teria sido outra coisa do que com a Steffi, essazinha... Contudo, não se deve ser preguiçoso... ou seja: fazer a corte, mandar flores, conversar com inteligência... Não é assim tão simples. Não é só dizer: "Venha amanhã de tarde ao quartel!...". Sim, com uma mulher decente como ela teria sido alguma coisa. A mulher do meu capitão em Przemyśl não era nem um pouco decente... Podia jurar que o Libitzky, o Wermutek e até o maltrapilho do lugar-tenente a tiveram... Mas a senhora Mannheimer... essa sim, seria outra coisa. O trato com ela poderia ter-me transformado quase numa outra pessoa, com modos mais refinados, fazendo-me inclusive sentir respeito por mim mesmo. Agora sempre essas mulheres, e comecei tão cedo. Era um rapazinho, quando viajei na primeira licença para a casa dos meus pais em Graz... O Riedl estava comigo... Foi com uma boêmia que devia ter o dobro da minha idade. Voltei de madrugada para casa, meu pai me olhou de um jeito... e a Klara então... Diante dela fiquei muito envergonhado... Era noiva naquela época. Por que será que não deu certo? Na realidade não me preocupei muito com isso... Coitadinha, nunca teve sorte, e ainda por cima vai perder o irmão... Pois é, Klara, nunca mais você vai me ver — acabou-se! Você imaginava, irmãzinha, que, ao me acompanhar até o trem no dia de ano-novo, nunca mais me veria? E a mamãe?... Meu Deus, a mamãe... Não, não posso pensar nela... Se pensar, sou capaz de cometer uma vileza... Ah... se pudesse ir para casa... dizer-lhes que tive um dia de licença... rever mais uma vez o papai, a mamãe e a Klara, antes de acabar com tudo... Sim, pegaria o primeiro trem, às sete; a uma estaria em Graz... Deus abençoe a senhora, mãe... Boa tarde, Klara!... Como estão vocês?... Nossa, que surpresa!... Mas eles vão notar... Mesmo se ninguém mais notasse... com certeza a Klara... É tão inteligente... Como me escreveu carinhosamente da última vez, e nem lhe respondi, vive me dando bons conselhos. Uma boa alma... Quem sabe se as coisas não teriam sido diferentes, caso tivesse ficado em casa? Teria estudado Agronomia e ido trabalhar com o titio. Sempre desejaram isso, quando eu ainda era um garoto. Agora estaria casado com uma moça adorável e boa... talvez a Anna, que sempre gostou tanto de mim. Inclusive notei da última vez que estive em casa, embora seja casada e com dois filhos... Vi pelo modo como me olhou... chamando-me de "Gustl", tal como antes... Esta vai ficar chocada ao saber que fim levei, mas seu marido vai dizer: "Já imaginava". Um canalha! Todos vão pensar que tinha dívidas... No entanto, não é verdade, está tudo pago... Apenas as últimas cento e sessenta moedas de ouro, sim, mas estas terei amanhã... Sim, tenho que providenciar para o Ballert recebê-las... Tenho que anotar isso antes do tiro. É horrível, horrível!... E se fugisse, para a América, onde ninguém me conhece... Na América, ninguém sabe o que aconteceu hoje à noite. Lá ninguém se preocupa com isso. Há pouco saiu no jornal que um tal conde Runge teve que sumir por causa de um negócio sujo. Agora é dono de um hotel lá e está pouco se lixando para todo o embuste. Quem sabe daqui alguns anos posso voltar... não para Viena claro... nem Graz... mas para a fazenda... Mamãe, papai e Klara prefeririam muito mais que eu continuasse vivo... Que me importam os demais? Qual deles me quer bem? Fora o Kopetzky, todos os outros não vão nem sentir a minha falta... O Kopetzky é o único... e foi justamente quem me deu o ingresso hoje... e o ingresso é o culpado de tudo... Sem ele não teria ido ao concerto, nada disso teria acontecido... Nada disso o quê?... É como se séculos tivessem se passado desde então, e não se passaram nem duas horas... Há duas horas, alguém me chamou de "garoto estúpido" e quis quebrar a minha espada... Meu Deus, estou prestes a gritar no meio da noite! Por que é que tudo isso aconteceu? Por que não esperei mais um pouco até que o guarda-roupa estivesse vazio? Droga, por que respondi "feche o bico!"? Como fui cometer um erro desses? Normalmente sou um homem tão bem-educado... nem sequer com meu taifeiro sou rude... Claro, estava nervoso com tanta coisa acontecendo ao mesmo tempo... O azar no jogo e as constantes evasivas da Steffi, o duelo amanhã de tarde, as noites maldormidas nos últimos tempos, a canseira no quartel, não há quem aguente isso por tanto tempo!... Mais cedo ou mais tarde teria adoecido e precisaria de uma licença... Agora não é mais necessário, pois terei uma longa licença — não remunerada! Haha...

Quanto tempo vou ficar ainda aqui sentado? Deve passar da meia-noite... Será que não ouvi as batidas do relógio mais cedo? O que é aquilo ali... um coche? A esta hora? Ah, deve ser um fiacre... Estão melhor do que eu. Talvez seja o Ballert com a Bertha... Mas por que justamente o Ballert? Vá embora. Coche bonito era aquele de Sua Alteza em Przemyśl... Usava-o sempre que vinha à cidade para ir à casa da Rosenberg. Sua Alteza era muito jovial, um verdadeiro camarada, sempre tratava todos por você... Bons tempos aqueles... embora a região fosse desoladora, e no verão fizesse um calor de matar... Numa única tarde foram constatados três casos de insolação... Até o meu cabo, um sujeito tão capaz... De tarde dormíamos nus. Uma vez, o Wiesner entrou no quarto de repente. Acho que estava sonhando, me levantei rápido e pus a espada, que estava ao meu lado... Acho que foi engraçado, pois o Wiesner riu até morrer. Hoje já é capitão de cavalaria... Que pena que não fui para a cavalaria... mas meu pai não queria, pois teria sido um divertimento caro. Agora tanto faz... O quê? Já sei: tenho que morrer, por isso é que tanto faz — tenho que morrer... Como? Veja bem, Gustl, você veio de propósito no meio da noite ao Prater, onde vivalma o incomoda, para refletir com calma... É uma bobagem este negócio de América e de renunciar, pois você é muito burro para começar outra coisa. Além do mais, quando tiver cem anos e pensar que um dia alguém quis quebrar a sua espada e o chamou de garoto estúpido, e você ficou parado sem poder fazer nada... Não, não dá para refletir sobre isso. O que passou, passou. Também esta história com a mamãe e a Klara é uma bobagem. Elas vão superar... Supera-se tudo... Como a mamãe chorou quando seu irmão morreu. Quatro semanas depois quase nem pensava mais nele... Nem ao cemitério vai mais... Primeiro ia toda semana, depois todos os meses, agora só no dia da morte dele. Amanhã é o dia da minha morte: cinco de abril. Será que vão me levar para Graz? Haha! Em breve, os vermes de Graz vão ficar contentes! Mas não tenho nada a ver com isso. Os outros é que têm que quebrar a cabeça com essas coisas... Então, o que de fato me interessa? Sim, as cento e sessenta moedas de ouro para o Ballert, e é só. Fora isso, acho que não preciso tomar nenhuma outra providência. Escrever cartas? Para quê? Para quem?... Despedir-me? Ora, que diabo, quando a gente dá um tiro na cabeça, a coisa fica bastante clara! Todo mundo vai notar que eu me despedi... Se soubessem como tudo pouco me importa, não sentiriam pena de mim. Na verdade, não serei uma grande perda... E o que foi que tive durante toda a vida? Uma coisa gostaria de ter feito: ir para uma guerra, mas poderia ter que esperar muito ainda. Todo o resto eu já conheço... Tanto faz se uma garota se chama Steffi ou Kunigunde... E conheço também as operetas mais bonitas. Só *Lohengrin* vi umas doze vezes. Hoje mesmo fui a um oratório, e um padeiro me chamou de garoto estúpido. Por Deus, já conheço o suficiente! Nem sequer sinto mais curiosidade... Bom, vamos voltar para casa, devagar, bem devagar... Não tenho pressa nenhuma. Ainda mais alguns minutos no Prater para descansar em um banco ao relento. Já não dá mais para me deitar na cama mesmo. Tenho todo tempo do mundo para dormir. Ah, este ar! Vou sentir falta dele...

O que foi? Ei, Johann, me traga um copo com água fresca... O que é isso?... Onde... Estou sonhando?... Minha cabeça... Raios... *Fischamend*[4]... Não posso abrir os olhos. Mas, veja,

4 | Município no norte da Áustria, onde tropas do exército treinavam, e cujo nome acabou se tornando uma imprecação típica dos militares. [N.T.]

estou vestido! Onde estou sentado? Deus do céu, adormeci! Como pude dormir? Já está amanhecendo! Quanto tempo será que dormi? Vou olhar o relógio... Não vejo nada... Onde será que botei meus fósforos?... Será que pelo menos um acende?... Três horas da manhã... Tenho que duelar às quatro da tarde. Duelar não, me matar! Quanto ao duelo, esqueça, tenho que me matar porque um padeiro me chamou de garoto estúpido... Será que isso aconteceu mesmo? Minha cabeça está estranha... como se um torno de bancada estivesse apertando meu pescoço. Não posso me mexer. A perna direita está adormecida. Levante! Levante!... Ah, melhorou! O dia está nascendo!... E este ar matinal... tal qual quando acampava em postos avançados na floresta... Mas era outro despertar, era outro dia diante de mim... Acho que ainda não estou acreditando nisso. A rua está cinza, vazia. Com certeza sou a única pessoa no Prater. Às quatro da manhã, já estive aqui com o Pausinger montando cavalo, eu sobre o do capitão Mirovic e o Pausinger sobre o seu próprio. Isso foi em maio do ano passado, quando já estava tudo florido e verde. Agora está tudo desfolhado, mas a primavera vai chegar dentro de alguns dias. Lírios do campo, violetas... Que pena eu não aproveitar mais nada. Qualquer patife vai desfrutar da primavera, e eu preciso morrer! Que miséria! Os outros estarão sentados na Weingartl depois do jantar, como se nada tivesse acontecido. Assim como estávamos na noite do dia do enterro do Lippay... E o Lippay era tão querido... No quartel, sempre gostaram mais dele do que de mim. E por que não iriam ao Weingartl no dia em que eu bater as botas? Está tão quente, mais quente do que ontem e este perfume, logo teremos flores... Será que Steffi vai me levar flores? Mas isso não combina com ela! Nem pensar que vai acompanhar o enterro... Se ainda fosse a Adele... A Adele não! Acho que há dois anos eu não pensava nela... Nunca vi uma mulher chorar assim em toda a minha vida... Foi a história mais bonita que eu já vivi... Tão modesta, tão despretensiosa, poderia jurar que gostava de mim. Bem diferente da Steffi... Por que foi mesmo que acabei tudo com ela?... Que burrice! É que tudo ficou tão sem graça... Sair todas as noites sempre com a mesma pessoa... Tive medo de nunca mais conseguir me desvencilhar de uma chorona... Bom, Gustl, pelo menos poderia ter esperado, afinal foi a única que gostou de você... O que será que está fazendo agora? Mas o que poderia fazer, a não ser ter algum outro... A coisa com a Steffi é mais cômoda, a gente se encontra de vez em quando, e outro fica com todo o aborrecimento, e eu só com a diversão... É... não se pode exigir que ela vá ao cemitério. Aliás, quem iria ao cemitério a não ser por obrigação? Talvez o Kopetzky, o único. É triste não ter ninguém que...

Ora, que bobagem! O papai, a mamãe, a Klara... Certo que sou o filho, o irmão... Mas que laço existe entre nós? Gostam de mim, mas o que sabem a meu respeito? Que sirvo ao exército, jogo cartas e saio com garotas... além disso, o quê? Que às vezes sinto horror de mim mesmo, mas isso nunca lhes escrevi. Parece que eu mesmo nunca o soube direito. Que coisa! Vai dar para isso agora, Gustl? Só falta começar a chorar... Aos diabos! Em ordem, sentido...! Quer se vá a um encontro amoroso, ou ao posto militar ou à guerra... Quem disse isso mesmo? Sim, foi o major Lederer no refeitório quando falavam sobre o Wingleder ter ficado pálido no seu primeiro duelo e vomitado... Sim, quer se vá a um encontro amoroso ou à morte certa, o verdadeiro oficial não deixa transparecer nada nem no rosto nem no andar! Então Gustl, o major Lederer disse. Ora, ora!

Cada vez fica mais claro... a gente até poderia ler... De onde vêm estes apitos? Ah, ali adiante é a estação de trem Nordbahnhof... a coluna Tegetthoff... Nunca me pareceu tão alta assim... Uns coches... Mas em toda a rua só os garis... meus últimos garis, haha! Tenho que rir toda vez que penso nisso... Não consigo entender direito... Ou será que todo mundo é assim quando tem absoluta certeza que... Três e meia no relógio da estação de trem... Agora a questão é uma só: se me mato às sete de acordo com o relógio da estação daqui ou o de Viena?... Às sete... mas por que justamente às sete?... Como se não pudesse ser de outro jeito... Estou com fome. Meu Deus, estou com fome. Não é de se admirar... Desde quando não como nada?... Desde ontem às seis, no café... Claro, quando o Kopetzky me deu o ingresso. Tomei um café com leite com dois pedaços de bolo. O que será que o padeiro vai dizer quando souber... Maldito cachorro! Ah, ele saberá o porquê. Vai finalmente compreender o que significa ser um oficial! Um sujeito qualquer pode apanhar na rua sem qualquer consequência, mas entre nós alguém é insultado entre quatro paredes e é um homem morto... Se pelo menos um canalha desses quisesse brigar, mas não, nesse caso, teria mais cuidado, não se arriscaria... E o sujeito vai continuar vivendo em paz, enquanto eu preciso bater as botas! Afinal de contas, foi ele quem me matou... Pois é, Gustl, veja bem: foi ele quem matou você! Ah, mas isso não vai ficar assim! Não, não e não! Vou escrever uma carta para o Kopetzky na qual explico tudo... ou melhor, vou escrever ao coronel, farei um relatório ao comando do regimento igual a uma nota de serviço... Mas, espere, você acha mesmo que isso vai ficar em segredo? Engana-se, o caso vai ficar na memória para sempre. Então quero ver se você vai voltar a entrar naquele café! Ora! "Quero ver", essa é boa! Gostaria ainda de ver muitas coisas, mas infelizmente não será possível. Acabou-se!

Nesse instante, o Johann está entrando no meu quarto e vai notar que o senhor tenente não dormiu em casa. Vai imaginar todo tipo de coisa, menos que o tenente dormiu no Prater. De jeito nenhum... Veja só, o regimento quarenta e quatro! Estão marchando para o tiro, vamos deixá-los passar, vamos para o lado... Lá em cima abre-se uma janela. Que moça bonita! Colocaria um lencinho no pescoço caso passasse ali embaixo... No domingo foi a última vez... Nunca pensei que a Steffi seria a última. Por Deus, este realmente é o único prazer real... Daqui duas horas vem o senhor coronel cavalgando de maneira elegante... Que vida boa a dos senhores, hein?! Se soubessem como estou me lixando para vocês! Ora, ora, o Katzer... Desde quando está servindo o quarenta e quatro? Bom dia, bom dia! Que cara é esta?... Por que está apontando para a cabeça? Meu caro, não estou nem um pouco interessado na sua cabeça... Entendi, é isso! Não, meu caro, está enganado: eu passei a noite no Prater... você vai ler a respeito ainda hoje no jornal. "Não é possível!", vai afirmar. "Hoje de manhã encontrei-o no Prater enquanto marchávamos para praticar tiro!" Quem vai ficar com o meu pelotão? O Walter? Vai ser engraçado, pois é um fulano sem brio. Melhor se tivesse sido sapateiro... O quê? O sol já está surgindo? Hoje vai ser um lindo dia! Um verdadeiro dia de primavera... Que inferno! Pensar que este cocheiro ainda estará vivo às oito, e eu... o quê? Só me faltava essa: perder o controle por causa de um cocheiro... O que é isto? De repente, meu coração bater assim tão acelerado? Não será por causa... Não, claro que não... Deve ser porque faz tempo que não como nada. Gustl, por favor, seja sincero consigo mesmo: você está com medo, medo de verdade, pois nunca tentou... Mas isso não o ajuda em nada. Aliás, o medo nunca ajudou ninguém. Todo mundo tem que passar por isso, uns mais cedo, outros mais tarde, e sua vez é agora, mais cedo... Você nunca foi grande coisa, então pelo menos se comporte decentemente no último instante. Isto eu exijo! Agora é uma questão apenas de refletir, mas sobre o quê?... Sempre quero refletir sobre alguma coisa... É fácil: ele está carregado na gaveta do criado-mudo, basta, então, puxar o gatilho. Não deve ser nenhum mistério!

Esta moça indo para as lojas... Coitadinhas destas meninas! Adele também trabalhava em uma loja. Algumas vezes apanhei-a após o expediente... Se trabalham em uma loja é porque não são aquele tipo de garota... Se a Steffi fosse minha, seria uma chapeleira ou algo parecido... Como será que vai descobrir? Pelo jornal!... Vai ficar chateada porque não lhe escrevi. Acho que estou enlouquecendo... O que me importa se vai se chatear ou não... Quanto tempo durou nosso caso?... Desde janeiro?... Não, deve ter começado um pouco antes do Natal, pois lhe trouxe bombons de Graz, e no Ano-Novo ela me mandou uma cartinha... Isso, as cartas que guardo em casa! Será que devo queimar algumas?... Hum, aquela do Fallsteiner... Se alguém a encontrar, o rapaz pode ter problemas... E eu com isso? Tudo bem, não é nenhum esforço tão grande assim... Só não posso procurar esse papel agora... O melhor mesmo é queimar tudo junto... Quem vai precisar disso depois? É tudo lixo. E meus poucos livros vou deixar para o Blanny. *Durch Nacht und Eis*[5]... que pena que não pude ler até o final... Nos últimos tempos me dediquei pouco à leitura... Som de órgão. Ah, sim, da igreja... Deve ser a primeira missa... Há muito tempo não vou a uma... A última vez foi em fevereiro, quando meu pelotão foi destacado para aquela igreja... Mas essa não valeu, pois tive que tomar conta do meu pessoal, se apresentavam o comportamento correto e com devoção... Será que entro na igreja?... No fim, pode ser que tenha a ver com... Bem, hoje depois de comer vou saber de tudo... Ah, "depois de comer" é muito boa!... Bom, entro ou não? Para mamãe seria talvez um consolo, se soubesse!... Klara liga menos... Vamos entrar, mal não há de fazer!

Órgão, canto, hum! O que é isto? Estou me sentindo meio tonto... Ó Deus, Deus, Deus! Gostaria de ter alguém com quem pudesse trocar uma palavra! Algo como a confissão. Contudo, o padre vai arregalar os olhos quando lhe disser

5 | "Através da noite e do gelo", provável referência a *In Nacht und Eis* (Na noite e no gelo). Obra que trata da expedição norueguesa de 1893-1896 ao Polo Norte. Foi publicada em 1897. [N.T.]

no final: "Até breve, reverendo, agora tenho que me matar!". Gostaria mesmo de me deitar sobre este chão e chorar... Ah, não, isso não é coisa que se faça! Mas chorar, sim, faz bem... Sentemos um momento, mas sem dormir outra vez como no Prater! As pessoas que possuem religião encaram melhor... Nossa! Agora minhas mãos começam a tremer!... Se continuar assim, vou sentir nojo de mim dos últimos instantes e me mato de vergonha! A velhinha ali, por que reza?... Será que seria uma boa ideia pedir-lhe para me incluir... Afinal não aprendi a fazer isso direito... Ha! Parece que morrer nos torna tolos! Levante-se! Esta melodia lembra o quê? Santo céu! Ontem à noite! Vamos embora! Não suporto isso!... Psiu! Nada de fazer barulho com a espada para não atrapalhar ninguém em seu momento de devoção. Ah, melhor ao ar livre... luz... A hora se aproxima cada vez mais. Seria melhor que já tivesse passado! Deveria tê-lo feito no Prater... A gente não deveria sair sem revólver... Se tivesse um ontem à noite... Meu Deus de novo! Poderia ir comer alguma coisa lá no café... Estou com uma fome... Sempre achei estranho que os condenados quisessem tomar café e fumar um cigarro na manhã do seu último dia... Diabos, ainda não fumei! Também não tenho a menor vontade de fazê-lo! Engraçado, gostaria de ir ao meu café... Sim, já está aberto e não deve haver nenhum conhecido. Se por acaso houver... será sinal do meu sangue-frio. "Às seis tomou seu café da manhã e às sete deu um tiro na cabeça." Estou calmo outra vez... É tão agradável andar, e o melhor é que não há ninguém me forçando a fazê-lo. Se quisesse, poderia mandar a coisa toda pelos ares... América... Mas que "coisa"? O que é uma "coisa"? Acho que estou com insolação!... Oh, vai ver que estou tão calmo, pois ainda penso: será que não?... Sim, é preciso, preciso! Não, antes, eu quero! Você consegue se imaginar, Gustl, largando o uniforme e saindo andando por aí? E o maldito cachorro rindo nas minhas costas? E o Kopetzky sem me estender mais a mão?... Acho que fiquei corado... O guarda está me batendo continência... Devo agradecer... "Bom dia!" Acabei de dar "bom dia!"... Isso sempre alegra um pobre-diabo como este... Pois é, ninguém tem nada a reclamar de mim, fora de serviço sempre fui agradável. Quando estávamos em manobra, sempre presenteei os suboficiais da companhia com cigarros Britannika. Uma vez ouvi, durante o exercício com armas, um homem atrás de mim falar de uma "maldita ralação", e eu não o denunciei. Apenas retorqui-lhe: "Ei, preste atenção, se outro o ouvir, você está frito". O Burghof... Quem está de guarda hoje? São os bósnios. Têm bonita aparência. O tenente-coronel disse recentemente que em 78[6], quando estávamos lá, ninguém poderia acreditar que eles nos obedeceriam

6 | Em 1878, a Áustria anexou a Bósnia-Herzegovina. [N.T.]

um dia!... Meu Deus, como gostaria de ter estado lá! Aqueles ali estão todos se levantando do banco. Salve, salve! Que pena não ter tido a chance. Teria sido mais bonito perder a honra no campo de batalha, pela pátria, do que... Sim, senhor doutor, o senhor vai se dar bem!... Será que ninguém poderia fazer isto para mim? Meu Deus, tenho que incumbir o Kopetzky ou o Wymetal de duelar com o sujeito... Ah, o fulaninho não vai escapar assim tão fácil! Mas o que me importa o que vai acontecer depois? Não vou saber mesmo! As árvores estão desabrochando... No Volksgarten conversei com uma moça, que usava um vestido vermelho e morava na rua Strozzi. Depois ficou com o Rochlitz... Parece que ainda está com ela, mas ele nunca mais disse nada a respeito. Talvez esteja envergonhado... Acho que a Steffi ainda está dormindo... Parece tão bonita, quando dorme... como se não soubesse contar até cinco! Pois é, quando dormem, são todas iguais! Deveria, apesar de tudo, escrever-lhe algo... Por que não? Todo mundo escreve cartas antes de matar-se. Deveria também escrever para Klara a fim de que console papai e mamãe. E mais essas coisas que a gente escreve neste tipo de carta! Para o Kopetzky também... Meu Deus, parece que seria mais fácil se a gente pudesse dizer adeus para algumas pessoas... E o relatório ao comando do regimento, e as cento e sessenta moedas de ouro para o Ballert... Na verdade, ainda há muito que fazer... Aliás, ninguém me obrigou a me matar às sete... A partir das oito há tempo suficiente para morrer!... Morrer, pois sim, e contra isto nada se pode fazer...

Finalmente o Ring. Logo estarei no meu café... Não dá para acreditar que estou ansioso para tomar café da manhã. Sim, feito isso, acendo um charuto e vou para casa escrever... Primeiro, faço o relatório para o comando; em seguida, as cartas a Klara, ao Kopetzky e a Steffi... O que devo escrever a esta malandrinha?... "Minha pequena, você não imaginava..." Ah, que bobagem! "Minha pequena, agradeço-lhe muito..." "Minha pequena, antes de partir, não posso deixar de..." De fato, escrever cartas nunca foi meu forte... "Minha pequena, um último adeus do seu Gustl..." Ela vai arregalar os olhos! Que sorte que não me apaixonei pela Steffi... pois quando se ama alguém, deve ser triste ter que... Ora, Gustl, seja razoável! Mesmo assim é muito triste... Depois da Steffi viriam muitas outras e, por fim, uma que valesse a pena. Uma moça jovem de boa família e com dote. Seria bonito... Tenho de explicar para a Klara que não tive outra escolha... "Conto com o seu perdão, querida irmã, e, por favor, console nossos queridos pais. Sei que preocupei muito e fiz sofrer todos vocês, mas saiba que sempre os amei. Espero que, um dia, você seja muito feliz, querida Klara, e não se esqueça do seu irmão infeliz..." Ah, prefiro não escrever-lhe nada!... Vou chorar... Já estou com os olhos cheios de lágrima só em pensar... É melhor escrever apenas ao Kopetzky um adeus de camarada, que ele transmita aos outros... Já são seis horas? Não, cinco e meia, ou melhor, quinze para as seis. Mas que rostinho bonito!... A mocinha travessa de olhos negros que tantas vezes encontrei na rua Floriani! O que vai dizer de tudo isso? Ora, nem sabe quem sou. Apenas vai ficar admirada de nunca mais me ver... Anteontem tinha me decidido que falaria com ela no próximo encontro... É coquete e jovem, quem sabe ainda inocente!... Pois é, Gustl, não deixe para amanhã o que pode fazer hoje!... Com certeza, esse rapaz também não dormiu a noite toda. Está indo para casa agora para se deitar. Eu também! Haha! Agora a coisa vai ficar preta, Gustl!... Se não fossem estes arrepios, seria fácil. Mas, no geral, até que tenho me comportado bem... Ah, para onde agora? Já estou aqui, no café... Ainda estão varrendo a rua... Não faz mal, vamos entrar...

Ali no canto fica a mesa onde se joga cartas. Estranho, não consigo lembrar se o sujeito que sempre se senta lá atrás perto da parede é o mesmo que me... Ninguém chegou ainda... Onde está o garçom?... Olá! Lá vem ele da cozinha... Está apressado em colocar o fraque... Ah, realmente não é necessário!... Talvez para ele, sim... Vai ter que servir muita gente hoje!

— Bom dia, senhor tenente!

— Bom dia!

— Tão cedo hoje, senhor tenente?

— Pode deixar, eu vou me sentar com o casaco. Não tenho muito tempo.

— O que deseja, senhor tenente?

— Um café com leite e nata.

— É para já, senhor tenente!

Ah, os jornais estão ali... São os de hoje?... Será que dão alguma notícia?... Mas qual? Acho que quero saber se já anunciam o meu suicídio! Haha! Por que ainda estou de pé?... Vamos nos sentar ali perto da janela... Ele já me trouxe o café com leite. Vou fechar as cortinas. Não gosto que me olhem da rua... É verdade que por enquanto não há ninguém andando na rua... Pois é, como o café está gostoso. Ah, o café da manhã — não é uma mera ilusão![7]... A gente se torna outra pessoa. Toda a besteira foi não ter jantado... Mas o que o sujeito ainda quer? Ah, está trazendo os pãezinhos...

— O senhor já soube?...

— O quê? — Pelo amor de Deus, será que sabe de alguma coisa?... Ah, loucura, é impossível!

— O senhor Habetswallner...

Como? É o nome do padeiro... O que será que vai dizer agora?... Será que já passou por aqui e contou tudo?... Por que não fala nada?... Sim, vai falar...

---

7 | "Não é uma mera ilusão" (*Wahn, doch keine leerer*) é um dos últimos versos da balada de Friedrich Schiller, *Die Bürgschaft* (A garantia) de 1798/99. [N.T.]

— ... teve um ataque cardíaco hoje à meia-noite.

— O quê? — Não devo gritar assim... Não posso deixar transparecer... Mas será que estou sonhando?... Preciso perguntar de novo... — Quem teve um ataque? — Que maravilha! Disse isso como quem não quer nada!

— O padeiro!... O senhor tenente deve conhecê-lo... um gordo que jogava cartas toda tarde na mesa ao lado da dos oficiais, com o senhor Schlesinger e o senhor Wasner, da floricultura aqui em frente!

Sem dúvida, estou acordado. No entanto, não consigo acreditar. Preciso perguntar mais uma vez... mas de modo inocente...

— Teve um ataque?... Como? Como é que você sabe disso?

— Mas, senhor tenente, quem poderia saber tão cedo, a não ser a gente? Os pãezinhos que o senhor está comendo são do senhor Habetswallner. O garoto que traz a encomenda às quatro e meia da manhã foi quem nos contou.

Meu Deus, não posso me trair... Quero gritar... rir... dar um beijo no Rudolf... mas preciso perguntar ainda mais uma coisa... Ter um ataque não significa estar morto... Preciso perguntar se está morto de verdade... mas de maneira bem calma. Afinal, o que me importa o padeiro. Devo dar uma olhada nos jornais enquanto pergunto-lhe.

— Morreu?

— Claro, senhor tenente. Foi fulminante.

Magnífico! Magnífico! Tudo isto aconteceu apenas porque fui à igreja...

— De noite foi ao teatro. Caiu na escada. O porteiro ouviu o barulho. Em seguida, foi levado para casa, mas quando o médico chegou, já estava morto.

— Que triste! Estava na sua melhor fase — falei em tom alegre, mas ninguém poderia notar nada. Preciso me conter para não gritar nem pular sobre a mesa de bilhar.

— Pois é, senhor tenente, muito triste. Era um homem tão gentil e muito amigo do nosso patrão. Há vinte anos frequentava nosso café. E a esposa, coitada...

Acho que nunca fiquei tão feliz em toda a vida... Está morto, morto! Ninguém sabe de nada, nada aconteceu! Que sorte danada eu ter vindo ao café... senão teria me matado em vão. Parece uma coincidência do destino... Onde está o Rudolf? Ah, está conversando com o ajudante de cozinha... Quer dizer que está morto, morto! Mal posso crer! Gostaria de ir até a sua casa para ver. Deve ter sido a raiva reprimida que provocou o ataque... E por quê?... Tanto faz! O importante é que está morto, e eu posso viver, e tudo me pertence de novo!... Engraçado, como estou molhando no café os pãezinhos que o senhor Habetswallner fez! São deliciosos, senhor Habetswallner! Excelentes! Agora sinto vontade de fumar um charuto...

— Rudolf! Ó, Rudolf! Deixe aquele garoto em paz!

— Às ordens, senhor tenente!

— Charuto Trabucco... — Estou tão feliz, mas tão feliz!... O que vamos fazer agora?... Sim, o que vamos fazer agora?... Tenho que fazer alguma coisa, senão vou ter também um ataque de tanta alegria!... Em quinze minutos, vou voltar para o quartel para que o Johann me dê um banho frio... Às sete e meia, começam os treinos com arma; às nove e meia, são os exercícios militares. Vou escrever para a Steffi! Ela precisa ficar livre hoje à noite, nem que chova canivete. Às quatro da tarde... Espere, doutorzinho, espere! Estou me sentindo tão bem... Vou fazer picadinho do senhor!

Reichenau, 13-17 de julho de 1900.

POSFÁCIO

A CEGUEIRA DA MENTE E A CLARIVIDÊNCIA DA LITERATURA

Helmut Galle

À primeira vista, as duas narrativas reunidas neste pequeno volume se apresentam muito diferentes, de tal forma que nem parecem proceder da mão do mesmo autor. Em "Tenente Gustl", temos o estudo psicológico quase naturalista de um caráter social, uma obra de pioneirismo formal e um ataque contra os valores éticos da elite austriáca. "O cego Geronimo e seu irmão", em contraste, configura de maneira quase clássica a evolução humana de duas personagens em conflito, num ambiente universal, praticamente sem marcações de uma época ou cultura específica.

Apesar dessas divergências, os dois contos foram escritos um imediatamente após o outro, o primeiro de maio a julho e o segundo em oito dias de outubro de 1900, sendo publicados pela primeira vez ainda em dezembro do mesmo ano em periódicos da burguesia liberal vienense, a *Neue Freie Presse* e *Die Zeit* respectivamente. Essa vizinhança original indica que as diferenças talvez não sejam tão grandes quanto a recepção geralmente sugeriu, e que "O cego Geronimo", sempre ofuscado pela fama do conto anterior, lhe esteja muito mais a par do que se imaginava.

Em 1900, Arthur Schnitzler já era bem conhecido como expoente do modernismo vienense, reunido com o grupo Jovem Viena (Jung-Wien), formado por escritores como Hermann Bahr, Hugo von Hofmannsthal, Peter Altenberg e Felix Salten (*Bambi*), frequentadores habituais do Café Griensteidl e de outros locais pintorescos da boêmia do fim do século. Schnitzler já tinha criado o "Ciclo Anatol", uma séria de peças em um ato sobre um jovem e suas aventuras e neuroses eróticas — uma primeira análise perspicaz da dupla moralidade e dos desejos sexuais. O próprio autor vivia essa confusão em casos com atrizes naquela capital da frivolidade retratada com maestria, já em 1897, em *Reigen* (Ronda), outra obra de Schnitzler cuja estreia em 1920 provocou um dos maiores escândalos da história do teatro, porque a sociedade reagiu enfurecida diante da revelação das mentiras que ela mantinha sobre si mesma. Schnitzler foi admirado pelo colega médico Sigmund Freud, cuja *Interpretação dos Sonhos* Schnitzler conhecia já no ano 1900, quando escreveu os dois contos. Assim como os estudos de Freud, as peças, os romances e os contos de Schnitzler são contribuições literárias para o entendimento da mente humana, enfatizando suas raízes corpóreas, sua interrelação com o discurso e com os mecanismos sociais, por grande parte inconscientes.

Em "Tenente Gustl", isso acontece mediante o monólogo interior, um artifício narrativo introduzido por Édouard Dujardin no romance *Les lauriers sont coupés* de 1887, lido por Schnitzler onze anos depois. O monólogo interior autônomo de "Tenente Gustl" se destaca por representar exclusivamente as ocorrências da consciência do protagonista, sem qualquer intervenção de um narrador. Trata-se da situação impossível de protocolar, em tempo real, os pensamentos, as percepções e as sensações que passam pela mente de uma pessoa. O monólogo interior teve sua base na psicologia da época, que recebeu impulsos particularmente da obra de Charles S. Peirce e William James, mas também do pesquisador austríaco Ernst Mach. Mediante essa técnica narrativa, o autor elimina tanto a voz do narrador quanto a realidade externa, criando uma cadeia de conteúdos cognitivos mais ou menos desconexos. Os conteúdos mentais resultam a) da inserção do protagonista em um ambiente de onde provém uma continuidade de percepções, b) das sensações produzidas pelo próprio corpo, e c) das emoções, associações, reflexões e memórias provocadas no momento. A representação verbal imediata desse fluxo de consciência é um construto — o ser humano não dispõe de recursos que poderiam gravar sua realidade interna em sua volatilidade e rapidez. Como foi observado já por Friedrich Schiller, "spricht die Seele, so spricht, ach! schon die Seele nicht mehr" (quando a alma fala, ai! já não é mais a alma que fala). Uma vez que os autores e seu público tenham estabelecido a convenção estética que, na ficção, uma consciência pode ser observada e transformada em texto, esse engenho foi aplicado e desenvolvido amplamente.

Foi por Schnitzler e mediante esse conto que a estrutura narrativa "desnatural", tão importante para as vanguardas do século XX, foi introduzida na literatura alemã. O autor ainda se utilizaria dela mais uma vez, décadas mais tarde, em "Senhorita Else". Em ambos os casos, ele se serve da técnica para desdobrar todo o contexto social a partir da perspectiva limitada de uma personagem que, paradoxalmente, não é muito consciente de sua situação, embora o leitor, justamente mediante as limitações, tenha todos os elementos à mão para compreender os mecanismos sociais e discursivos que condicionam o comportamento dos protagonistas. O resultado é mais satírico no caso do tenente Gustl e mais trágico para a senhorita Else, sendo o homem um representante do poder cuja incongruência com o próprio código ético (mesmo que este seja anacrônico) cria efeitos cômicos, enquanto que a moça é vítima dos jogos irresponsáveis da família e da "boa sociedade", dentro de uma erosão completa da moralidade, da economia e dos valores.

"O cego Geronimo e seu irmão", aparentemente, volta a uma estratégia narrativa muito mais convencional e uma trama quase idealista, apesar de ter sido escrito diretamente depois daquele experimento esteticamente revolucionário e tematicamente provocador. Enquanto que o "Tenente" coloca em contraste a ideologia vigente e a realidade psíquica, o segundo conto parece sugerir uma ética da compaixão, da renúncia e do amor ao próximo. Bem diferente do oficial vaidoso, prepotente e maldoso, Carlo é um caráter que vive princípios éticos de forma rigorosa para compensar a culpa que sente por ter causado — de forma involuntária — a deficiência do irmão Geronimo. A história termina com um ato de reconciliação que justifica os esforços morais de Carlo e atesta uma utopia de convivência fraterna.

A estrutura narrativa do conto se assemelha às vozes do romance realista do século XIX que na virada do século já são convencionais: um narrador heterodiegético que focaliza as personagens internamente (muitas vezes chamado "onisciente"), ou seja, uma voz de fora do mundo narrado que sabe mais sobre este mundo do que qualquer um dos protagonistas. Mesmo que a focalização se estenda aos pensamentos tanto de Geronimo quanto de Carlo, é este último que está bem no centro da atenção. Isso contrasta estranhamente com o título, que coloca Geronimo no primeiro plano, deixando Carlo sem nome, na mera função de irmão. Será que isso aconteceu de maneira inadvertida pelo autor? Ou poderia nos levar a uma pista que permita colocar em cheque a primeira impressão produzida pelo conto?

É muito óbvio que a narrativa se ocupa extensivamente das reflexões de Carlo. A realidade externa da trama que se realiza em uma taverna e no caminho para Itália torna-se quase secundária em comparação com o mundo interior de Carlo. É através de sua mente que o autor introduz a importante analepse, na qual Carlo se lembra do incidente que causou a cegueira do irmão mais novo e da sua decisão de abdicar de uma vida própria para colocar-se a serviço do deficiente. São as reflexões de Carlo que informam o leitor do seu desespero quando percebe a desconfiança do irmão e a incapacidade de provar sua lealdade. De fato, a narrativa se desloca cada vez mais da inicial descrição dos acontecimentos e do diálogo em direção à representação dos pensamentos de Carlo, utilizando-se do discurso livre indireto em trechos longos, outra técnica narrativa apreciada pela literatura moderna e com a mesma função do monólogo interior: permitir que o leitor assista aos processos interiores do protagonista.

É notável, porém, que apenas a mente de Carlo se torne "transparente", como a crítica Dorrit Cohn chamou o fenômeno no seu livro *Transparent Minds*. Curioso, porque o processo mais importante deve acontecer na cabeça de Geronimo: é ele que, no final da história, compreende que o irmão não o traiu e que até cometeu um ato criminoso para recuperar sua confiança. É evidente que o cego deduziu isso dos dados positivos que teve à disposição, mas o leitor se dá conta da virada somente através de um ato externo, o beijo fraterno no final.

Muitos intérpretes do conto concordam que a virada consiste numa conscientização dos dois irmãos. Geronimo compreende que a lealdade de Carlo ia até a abnegação, e Carlo compreendeu, já antes, que ele precisava do cego tanto como este dele, de forma que a relação assimétrica do início (compaixão de Carlo/gratidão de Geronimo) cede a uma relação recíproca, na qual cada um reconhece a importância do outro para sua própria vida. Foi a intervenção diabólica do estrangeiro que desenlaçou a crise e foi exatamente ela que criou uma base mais sustentável e verdadeira para o entendimento dos dois. De certa maneira, ambos foram cegos e passaram a ver sua verdade no final do conto.

Permanece, no entanto, a discrepância entre o holofote em Geronimo no título e a perspectiva narrativa que se concentra radicalmente em Carlo. De fato, Geronimo é focalizado no início e no final da história, mas de forma externa, sem dar acesso imediato a seus pensamentos, desejos e medos. O recurso literário que torna transparente a mente é negado, e o leitor deve reconstruir, ele mesmo, o inferno da desconfiança e a compreensão feliz que se manifestam no comportamento de Geronimo e, particularmente, no seu beijo no final. Há, nesse momento, mais um observador — o policial (aqui "gendarme" teria sido uma tradução mais fiel) — que não entende o que está acontecendo, enquanto que tanto os irmãos quanto o leitor dispõem dos dados necessários para compreender, colocando-se na posição de cada um dos personagens. Para o leitor, a mente do cego tornou-se transparente, não porque foi desdobrada como as de Carlo ou de Gustl, mas porque ele foi obrigado a servir-se da sua competência de empatia.

Entendido dessa forma, o conto não é um retrocesso, mas um passo para a frente. A literatura maneja, na realidade, muitos recursos técnicos que nos permitem "ler as mentes" dos outros, e ela pode até ser definida como o meio que nos ensina sobretudo isto: ler mentes e ampliar nossa capacidade de trocar perspectivas. Após ter exercitado uma técnica muito artificial para representar por completo uma mente humana, Schnitzler buscou no tema do cego desconfiado uma figura que simboliza acentuadamente nossa "cegueira" principal diante da alma dos outros — a incapacidade de ler pensamentos — e, ao mesmo tempo, colocou em palco a possibilidade de superar essa cegueira: não mediante o conhecimento positivo — que permanece ilusório, apesar de todos os artifícios literários —, mas por meio da competência empática do ser humano e, no final das contas, a confiança mútua livre e voluntária.

Com respeito à tradução dos contos para o português — parece que é a primeira vez que o leitor brasileiro tem a chance ler os textos no seu idioma —, pode-se dizer que é muito fiel aos originais, permitindo observar todos os artifícios narrativos mencionados anteriormente. A atmosfera um pouco antiquada do "Cego Geronimo" é conservada, como também o estilo oral e ofegante do "Tentente Gustl" com toda a sua ironia desmascaradora. O que não pôde ser recriado, infelizmente, é o sotaque especificamente vienense que, no original contribui muito para a caraterização do personagem; a tradução, porém, ainda mantém algo disso na abundância dos nomes pessoais e lugares mencionados no discurso.

ESTE LIVRO FOI IMPRESSO
EM PAPEL POLEN SOFT 80G/M²
NA GRÁFICA VIENA
EM FEVEREIRO DE 2016